JN023320

公認心理師を
めざす人のための

臨床心理学入門

末木 新 著

大修館書店

はじめに——本書の目的と狙い

　本書は，大学1〜2年次生を主な読み手としてイメージして「臨床心理学概論」の授業に用いるための教科書として作成した教材です。「臨床心理学概論」は，国家資格・公認心理師の取得に向けて大学の学部において必要となる心理学の基礎科目の一つです。カウンセリングや心理臨床を将来の仕事にしようと考える大学生が最初に受ける公認心理師カリキュラムの土台となる科目です。臨床心理学の成り立ちや臨床心理学の代表的な理論の概要を学んでいく授業になります。

　大学生になりたての学生の皆さんにはなかなかイメージが難しいと思うのですが，「○○学概論」の授業は大学における授業の中で教員にとって最も難しいものの一つです（おそらく，教員の皆さんには同意いただけると思うのですが）。大学の教員はみな研究者であり，教育と研究を仕事としています。多くの大学の教員は研究においては何らかのテーマで世界の最先端にいます。あるテーマでは，世界の誰にも負けない，世界で一番詳しいというものがあると思います。そして，その研究テーマというのは，基本的にはごく限られたものです。

　私の場合であれば，メディアを活用した自殺予防という研究テーマでは，世界と戦えるかもしれません。

　自殺（自殺予防のための危機介入）というのは，臨床心理学という学問においても重要なテーマの一つです。しかし，それは臨床心理学という学問領域全体から見ると，ごくごく一部の範囲にすぎません。どれくらい一部かというと，本書の目次を見てもらえればわかるのですが，章立てのタイトルの中に出てこないくらい，小さな領域です。そのようなごくごく一部の領域においては，世界広しと言えども，自分ほど詳しい人間はそうはいないと胸を張れます。しかし，逆に言えば，それ以外の広大な領域については，自分よりも詳しい研究者がごろごろいると言うことになります（つまり，本書の全ての領域において，私は専門家ではないと言うことです，悲しいことに…）。

　だから，端的に言って，「○○学概論」の授業を一人で語りつくすのは，不安であったり，恥ずかしかったりします。なぜかというと，そのテーマ

について自分よりも遥かに詳しい人間が多数いることを我々教員は自覚しているからです。大学の「先生」と言えば，皆さんはもっと立派な人間／知識人を想像するかもしれませんが，実態はこんなもんです。蓄積された知識が膨大な量となった現代においては，あらゆる領域をカバーできる人間というのはほとんど存在し得ません。だから，「○○学概論」の授業は本当に難しいのです。

そのような事情から，昨今の「○○学概論」の教科書は，分担で執筆されることが多いように思います。第1章は○○先生，第2章は△△先生，第3章は□□先生が書く，といった形です。各テーマの専門家がそれぞれのテーマについて説明した方が，説明は正確になり，間違いは少なくなります。また，必ずしも自分の専門ではない領域について語って，間違いや理解の浅さを露呈し，恥をかく確率も減ります（笑）。いいことづくしです。

とはいえ，このような教科書の作り方には問題がないわけではありません。章やテーマごとに執筆者が違えば，当然，異なるテーマ間の関係性に関する記述は消え，全体としての統一感が出ません。臨床心理学という学問における各心理療法の考え方そのものは正確になるかもしれませんが，理論の間に通底する何か，共通する基盤や「本質」に関する記述はできなくなります。辞書的に使う分にはそれでも問題ありませんが，端的に言えば，そういう本は無機質で面白くありません。編者の先生がいくら頑張ったとしても，そこには限界が生まれます。このようなタイプの教科書をしっかりと「味わう」のには読者の高いリテラシーが要求されますし，それは入門書には相応しくないと私は思います。

こうした問題点を解消し，改めて一人の臨床心理学者として臨床心理学について（恥を忍んで）語ってみようというのが，本書の試みです。そのため心理療法の理論に関する解説では，各理論の相違点と同時に，共通するものに視点を置きながら，それぞれの理論を関連づけて論じることに力点を置きました。なお，各章で扱うテーマについては，認知・行動療法に厚みを持たせながら，基本的には日本心理学会の「公認心理師大学カリキュラム標準シラバス」に依拠して進めています。

本書に出てくる図表の多くは（概論なので当然と言えば当然ですが）私のオリジナリティ溢れる発想から作成されたものではなく，先人の作り上げた膨大な知識を学ぶ中で私が吸収してきたものです。何を読んでその図表を作成したのか，なるべく頑張ってチェックをしたつもりではあるのですが，けっこうな量の本を読んでいますので，既に自分でもどこからそれを学んだのかあやふやになっている部分がないとは言えません。確認／引用が十分でない点があれば，私の責任であり，なるべく早期に修正をしたいと思います。

末木　新

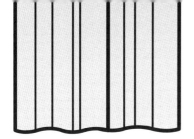

目次

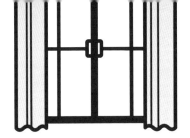

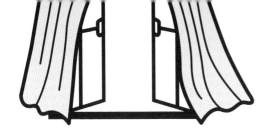

第 **1** 講

歴史・全体像

≋ 臨床心理学とは何か？

　それでは，さっそく最初の講義に入ります。手始めに，臨床心理学（*Clinical Psychology*）という学問について説明をします。ご存知の通り，臨床心理学は心理学の一種で，文字通り，（病）床に臨むための心理学です。病床の上にはもちろん病人がいるわけですから，病床で苦しむ他者に寄り添い，苦痛を共有し，病気に対して治療を施していくための心理学という意味になります。

　臨床心理学者は，人間の苦悩を生み出す状況を改善し，問題を解決していく専門的援助に関わるわけですが，単に現場に出て援助をするだけに留まりません。その問題がなぜ発生し，そして維持されているのかということについては科学的な探求が必要ですから，現場に出る者には科学的な知識・態度が必要になります。

　科学的な態度を保持せず，「俺がいいと思ったからこれでいいだろ」という治療者がいたとして，そんな人が処方する薬を皆さんは飲んでも良いと思うでしょうか？　ほとんどの人はそんな人間が提供する治療を受けるとしたら不安になってしまうはずです。しかし，もし仮に皆さんが心理職を志していながら，どのような問題や病気を抱えている人にどういう援助が効果的なのかをきちんと説明できないのであれば，「俺がいいと思ったからこれでいいだろ」という治療者と皆さんの間に大きな差異はありません。そうならないようにこの学問は存在します。

　図1-1は，臨床心理学的活動の全体像を表したものです。援助を求める／必要とする人＝クライエントに提供される心理臨床実践は，必ず何らかの心理療法の理論に基づいて行われています。ですから，我々は心理援助の実践を行うにあたり，心理療法の理論を理解する必要があります。そして，クライエントの抱える問題の質によって，どのような治療が提供されるべきかは変わってきます。あらゆる問題に効果を発揮する心理療法があり，それさえ覚えておけば何でも対応できるというわけではありません。ですから，クライエントの状態を見極め（そのためには，評価＝アセスメントの理論や技法に関する知識が不可欠です），その状態に合った支援を提供していく必要があります。

　また，皆さんが心理職に就くことを志し，今後数十年にわたって心理臨

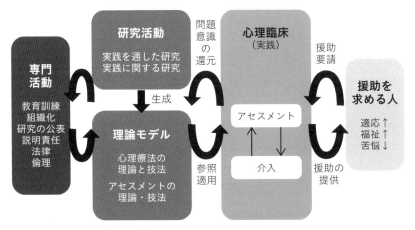

図1-1 臨床心理学の全体像

床実践の現場に関わっていくとすれば，その間に我々の持つ知識の内容は変化をしていきます。新しい心理療法が開発されるでしょうし，診断体系が変わることもあるでしょう。それによって，病気に関する見方が変化をしたり，社会の中で「流行」する病気も変わるかもしれません。こうした変化に対応するためには，自分の力で研鑽をつむ必要がありますが，それらの知識は必ず研究という形をとって現れます。ですから，最新の知識に合わせて自身をアップデートしていくためには，研究を読み解く力も必要です。そのため，この講義では，①心理援助の理論に関する基礎知識の会得（どう援助するか），②相談者の状態を評価するための基礎知識の会得（どう評価するか），③人への介入実験の結果の読み解き方の会得（援助技法をどう選択するか），を最低限の到達目標としたいと思います。

≋ 臨床心理学の原点

　既に述べたように臨床心理学という学問は，支援を要する人の苦悩を低減し，適応を向上させる実践を科学的に行っていくことを目標としています。しかし，科学という営みは歴史的に見れば比較的最近のものであり，苦悩を低減し適応を向上させるための実践的援助の歴史の方がはるかに古いものです。おそらく人類が誕生した時から我々は苦悩を感じていたはずですし（むしろ，医療やその他の科学技術が発展した現代よりも，そうし

たものの存在しない昔の方が人間の抱える苦悩が大きかった可能性もある
でしょう），それを何とかしようと考えた人がいないはずはありません。

　そのため，現代の我々からすれば非科学的な心理的支援は太古の昔から
存在しました。人類は，魂の失踪，霊の憑依，タブー違反，呪詛，などを
病気や心身の不調の原因と考え，その原因に即した対処方法を開発してい
きました（魂の失踪 → シャーマンによる失踪した魂の発見と連れ戻し，霊
の憑依 → 除霊，タブー違反 → 告白・祈り，呪詛 → 逆魔術）。

　こうした対処方法は，現代に生きる我々からすれば一見すると馬鹿馬鹿
しく感じるものですが，何もしないよりは遥かにましでした。なぜでしょ
うか。その答えの一つは**プラセボ効果**と呼ばれるものです。プラセボとは
偽薬のことです。その成分が病気には効かない偽薬であったとしても，そ
れがちゃんとした薬であると信じて飲むことにより，病状にはポジティブ
な影響が見られます。日本語的に言えば「鰯の頭も信心から」と言うこと
になります。つまり，科学的に意味があることであろうがそうでなかろう
が，意味があると信じて行うことにこそ意味が宿る（部分もある）と言う
わけです。だからこそ，除霊のための祈禱の儀式には意味があったわけで
す。

　実際，古代の治療には，プラセボ効果に加えて人間の自然治癒力を高め
る仕掛けがほどこされていることはままあったようです。有名なギリシャ
のアスクレピオス神殿には，ギリシャ全土から何らかの病に悩む者が巡礼
したそうです。そこでは，夢に霊験ありと言われていました。その神殿に
籠って眠り，夢に神が出てきて一緒に来た蛇に患部をなめられると，病が
完治した云々。こうした言い伝えを信じた人たちは，神殿の周辺の宿泊所
に集い，そこで寝て，神様と蛇を待つわけです。しかし当たり前のことで
すが，しっかり休息をとり，しかも何か意味のあることを自分はしている
のだと思えれば，自然と病が良くなったという人が出てくるのはうなずけ
る話です。まさに，「病は気から」を逆手にとった治療法というわけです。

　このような心理支援は，近代以降，次第に科学的な様相を帯びてきます。
科学的な考え方が広まるにつれ，科学的な観点から検証が加えられていっ
たと言ってよいでしょう。少し前から流行っているマインドフルネスの考
え方／ワークなどは，仏教的な修行が西洋に取り入れられてアレンジされ
たものが，科学的に効果ありとなり，広まっていったものと言えます。

≋ 臨床心理学の発展

こうした古来からある心理支援の方法論に加えて，心理学という学問そのものが発展をしてくると，心理学的研究によって明らかとなった人間の心のルールを元に，人々が生きやすくなるように支援を（応用的実践を）行っていこうという動きが出てくるようになりました。

と書いて説明すると，あたかも非科学的な心理支援が歴史的に先にあって，だんだんと科学的になっていったというような誤解を与えそうな気がするのですが，そんなことはありません。例えば，この後に紹介していく，精神分析などは近代以前からある心理支援の系譜を継ぐものの代表格ですが，一方で，行動療法のように，動物実験やらなんやらで明らかとなった行動のルールを支援に活かそうとするような，より科学的な研究に親和性の高い心理療法もあります。また，前述のマインドフルネスの考え方や実践は，もともとは仏教の考え方なわけですが，それがいつの間にか（？）認知療法に取り入れられ，科学的な装いを持つようになりました。このように，科学的なものと非科学的なものとの境界線は，実際には曖昧で，相互交流があると言って良いと思います。

とはいえ，皆さんにとって大事なことは，そのような歴史的認識を持ちながらも，科学的な観点から効果があると言え，かつ効果のメカニズムが明らかな心理療法をきちんと支援を必要とする者に提供していくことだと思います。そして，そのためには，心理学の発展の歴史を知り，どのような心理学的理論／心理療法の理論があって，そこからどのような技術が開発され，それらがどういう病気に対してどの程度効果を発揮するのかということをきちんと理解することが重要です。

図I-2（次ページ）は本講の中で最も大事なもので，（特に主要な心理療法の理論と関係のある）心理学的理論がこれまでどのように発展してきたのかを表しています。

ここでまず大事なことは，これは心理学のみの現象ではなく，**科学的な理論というものはすべからく，先行する理論を批判する形で出現する**ということです。理論は無から急に発生するものではありません。何もないところから天才の頭の中に革命的なアイデアが降って来るというものではないのです。そうではなくて，既にある既存の理論を批判的に検討し，足り

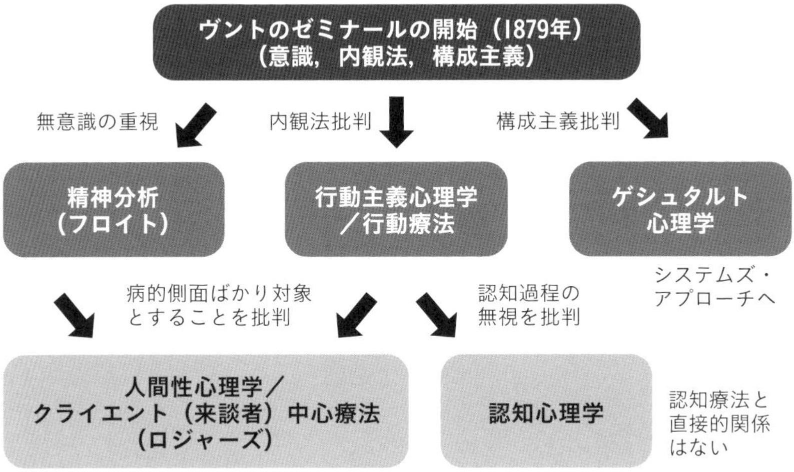

図1-2　心理学史の概要

ない部分を補ったり，見方を変えたりしていくことで発展していくものなのです。そのため「歴史」的な観点が大事になります。この図を覚える時にも，それぞれの理論がどのようなものであって，何を批判することで出現したのかということを押さえることが大事です。そこが理解できれば，覚えやすくなるはずです。では，この図について順に説明をしていきます。

　心理学の歴史はこの150年ほどです。**ヴント**（*Wilhelm Maximilian Wundt, 1832-1920*年）がライプツィヒ大学で公式ゼミナールを始めた年がスタート地点ということに教科書的な記述としてはなります。まぁ年号などはそれほど重要なことではなく，大事なことは，先行するものを批判する形で次のものが立ち上がっていくという観点です。図にも書いてあるように，ヴントの心理学は，自己の**意識**を自己観察（**内観**）していくことをその方法論としており，立場としては構成主義／要素主義と呼ばれます。構成主義／要素主義とはなにやら聞きなれない言葉ですが，（人間の心のような）複雑なものを理解しようと考えた際に，より細かい単純な要素／部分に分けて理解し，その要素を構成し直せば複雑なものを理解できるようになるという考え方を意味しています。例えば，我々は中学校の理科の教科書で元素記号表を見たはずですが，あれなどは構成主義的な考え方と言えます。そして，この意識・内観・構成主義という三つの要素に対して，批判が生まれます。

　一つ目の批判は，**精神分析**によるものです。精神分析は，ヴントの心理

学の中でも，意識を主要な研究対象としたことを批判しました。ヴントの心理学では意識を研究対象としましたが，人間の心は意識できることよりも，むしろ意識できない部分（つまり，無意識）の影響の方が遥かに大きいというのが精神分析の主張です。精神分析の基本的な考え方については，次講で扱います。

　二つ目の批判は，**行動主義心理学**によるものです。行動主義心理学は，ヴントの心理学の中でも，内観という研究手法を批判しました。内観とは自らの意識の内側を自ら観ることです。しかし，その観察が正しいか否かは，他者からはわかりません。つまり，客観性に欠けるこの研究手法では，科学的に心を研究対象として扱えていないという批判がなされたということです。行動主義心理学はこの問題を解消するために，心ではなく，行動を直接的に測定し，行動の背景に心の機能があることを想定しました（**方法論的行動主義**）。行動は誰からも見える客観的なもので，測定も容易だからです。行動主義心理学はその後，**行動療法**へとつながっていきます。

　三つ目の批判は，**ゲシュタルト心理学**によるものです。ゲシュタルト心理学は，ヴントの心理学の中でも，構成主義を批判しました。身の回りにも具体的な例は多数ありますが，世の中には細かい要素に分けてしまうと意味を失うものは無数にあります。例えば，皆さんは本書を読み，ここに日本語の文字を見出しているはずです。しかし，そこで見えているものは実際には各種の波長の光が組み合わさったものであり，この資料を光の要素の束と考えると，文字としての意味は消失します。光に分解すると（より細かい要素に分解してしまう）と，日本語としての意味は消え去ります。細かく分けて単純なものとして理解すると，中間に存在する複雑な意味のまとまりが消えてしまうとは，こういうことです。人間の心についても同様のことが起こらないとは限りません。ゲシュタルト心理学のゲシュタルトとは，部分の総和ではない全体（単純な次元に落としてからその要素を構成し直しても同じものにはならない何か）のことを意味しています。このような考え方は，システムズ・アプローチと呼ばれる心理療法の考え方につながっていきます。例えば，システムズ・アプローチの一つである**家族療法**では，心理的な問題の発生・維持を個人という細かい次元ではなく，家族というより複雑な次元でとらえようとします。個人に病因があると考えると，見えなくなるものがあるというわけです。

そして，ヴントの心理学を批判して発展してきた三つの流れの次の世代も，同様に先行する理論を批判することによって形成・発展していきます。

　第二次世界大戦によって荒廃したヨーロッパ（特にドイツ）に代わって心理学の中心がアメリカに移ると，行動主義や精神分析が心理学の主流になります。そして，これら二つの流れを批判する形で**人間性心理学**（ヒューマニスティック心理学）が誕生します。人間性心理学は，それまで研究されてこなかった人間の正常な側面・健康的な側面・肯定的な側面により焦点をあてることを重視する立場です。これは，逆に言えば，主流派となっていた精神分析や行動主義が人間の異常な側面・病的な側面・否定的な側面に焦点をあてていたことへの反省でもあります。この流れの中から，心理療法としては，**クライエント中心療法／パーソン・センタード・アプローチ**と呼ばれるものが誕生します。

　最後に，行動主義の刺激−反応図式（S-R）を批判的に発展させた新行動主義（S-O-R）と，コンピューターの発展にともなって興隆した情報科学を基盤とする人間観が合わさり，**認知心理学**が誕生しました。認知心理学は刺激に対する解釈が反応に与える影響を重視します。時を同じくして，**認知療法**という心理療法が立ち上がります。ここがややこしいのですが…。行動療法が行動主義心理学から生まれたことから，認知療法は認知心理学から生まれたと思うかもしれません。しかし，実際には時を同じくして別々に誕生したものであり，認知心理学の研究の中で明らかになった法則を元に対人支援を行っていくのが認知療法というのは，誤った認識です。時を同じくして誕生したものということもあり，人間観そのものは同じような形をしていますが，行動主義と行動療法のような関係ではないということは覚えておいて下さい（なぜかというと，この点が，認知療法のその後の発展や，認知・行動療法の誕生へとつながっていくからです）。

　以上が，今後出てくる心理療法の理論の歴史的な関係です。それぞれの心理療法がどのような特徴を持っているのかは，その誕生秘話（先行理論のどのような部分を批判したのか）と密接に関わってくるものです。しっかりとおさえておいてください。

≋ 臨床心理学の発展に対する 社会的影響

このように説明をしていくと，あたかも臨床心理学という学問は，学問それ単体で批判を繰り返しながら発展してきたかのような印象を持ちますが，それはそれでまた誤ったイメージです。学問の進展にはその時々の社会が影響を与えています。こうした点を押さえておくことも，学問の歴史の大きな流れを理解する上では必要なことです。

表1-1　主要な心理検査の開発年代

● 1905年　ビネー・シモン式知能検査
精神遅滞児の鑑別のための知能検査。 背景：帝国主義, 国民皆教育　※診断的知能検査であるWISCの誕生は1949年
● 1921年　ロールシャッハ・テスト
人格検査, 投影法。 背景：無意識の発見とその社会的受容
● 1940年　MMPI
人格検査, 質問紙法。 背景：統計学と計算機の発達

表1-1は，心理検査の歴史のポイントを押さえた簡易的な年表です。心理学の発展の歴史とは，心の可視化（≒測定）の発展の歴史でもありますので，心理検査のことを理解するのも重要なことです。また，測定には科学技術がダイレクトに関係してくるため，理論よりもさらに社会的な変化の影響を受けやすいということもあります。

代表的な**知能検査**であるビネー式の検査が誕生したのは1905年です。この年は日本では日露戦争が終結した年です。つまり，この頃の世界は，帝国主義の時代であり，列強が植民地を作ろうと躍起になっていた頃です（日本の韓国併合は1910年ですね）。当時のスローガンは富国強兵・殖産興業です。産業を興し国を富ませること，優秀な兵隊を育てることには教育が不可欠です。そのため，日本では，江戸時代の寺子屋のようなものではない，初等教育レベルでの国民皆教育が実施されるようになります。どの子どもも学校に行って教育を受けるのですから，個別指導ではなく，大

教室で集団行動をすることが求められます。しかし，集団による一斉授業が成立するためには，集団構成員の知的水準がある程度一定である必要があります。こうした一斉授業についていけない者を鑑別して（言い方は悪いですが）取り除いておくことは，集団での教育をやりやすくします。こうした背景・目的によって，フランスでは文部当局がビネーに依頼して，ビネー式の検査が開発されました。

　ちなみにですが，その後ビネー式の検査は集団実施が可能になるよう発展をとげますが，それはアメリカ陸軍での兵役検査のためです。つまり，軍事目的です。優秀な兵士を効率よく選び出すために用いられたということです。これは1910年代のことですが，その背景にあるのは当然，第一次世界大戦ということになります。

　また，皆さんにもおそらく馴染みがあるであろう**質問紙**による検査が本格化したのは1940年以降のことです。想像すればわかることですが，パソコンもなく，エクセルも存在しない状態で，数百名程度であってもそのデータの平均値や標準偏差を出すことは，かなり骨の折れる作業です。パソコンを使えばすぐに完了する多変量解析なども，手計算ではとてもできません。ですから，計算機や統計学の発展なくして，質問紙による心理測定はありえないというわけです（測定しても解析できないので，データをとる意味がないということです）。なお，1940年代にこうした機器や学問が発展していますが，その背景にあるのは当然，第二次世界大戦です（ロケット／ミサイルの弾道計算などに必要だったようです）。

　このように，学問というものはその時代の社会から大きな影響を受けます。こうした点も，学問の発展の流れをおさえる上で重要なことです。高校までの社会／歴史の常識があれば問題なく理解できたはずですが，皆さんは大丈夫だったでしょうか？

≈ 理解度チェック課題の使い方

　最後に，初回の講義ですから，講義の末尾に付された理解度チェック課題の使い方について説明をしておきます。

　「理解をする」とは授業を聞いたり本を読んで，なんとなく，「ふーん」と思うことではありません。教員は「ふーん」と思えるように話をしてい

る／本を書いているのですから，その場でなんとなくわかった気になるかもしれませんが，それは錯覚です。皆さんが本当にある事象について理解できた時，それは，他の人に説明ができるようになった時です。つまり，インプットではなく，アウトプットの際に真の理解が試されるということです。

　想像してみて下さい。うつ病の患者に対して認知・行動療法を実施している時に，患者から「認知・行動療法って何ですか？　何のためにこんなことやらないといけないんですか？　どうして効果が出るんですか？　本当に効くんですよね？」と質問されることは珍しくありません。皆さんは今すぐにこの問いに答えることができるでしょうか？　患者の方は辛くて必死ですから，ネットで色々と出回っている情報をつぶさに調べてきます。もし支援者がこうした問いに適切に答えられなかったら，患者からの信頼を得ることができるでしょうか？　そんな人を頼りに治療を継続してくれるでしょうか？

　皆さんが支援者として現場に出た時に起こることとは，つまりそういうことです。ですから，仮に心理職を目指すのだとすれば，皆さんは授業を聞いてなんとなくわかった（気になった）というレベルではなく，授業をできるレベルにならなければなりません。各講義の末尾に，何を説明できるようになっておいてもらいたいのか，私の方で課題を設定しました。こうした課題は，全て，各講義を丹念に読んでしっかり考えればできるはずのものです。

　さて，前置きが長くなってしまいましたが，それくらい学問の基礎をしっかりと理解し，他者に説明できるようになることは大事なことです。なお，各問題については，基礎レベルと応用レベルの二段階に分けておきました。基礎レベルとは，基本的にその答えが本書内に（というよりは，問題が付された各講の中に）明示的に書かれているものです。基礎レベルの問題がわからないというのは，本の内容が読めていないということです。私にはどうすることもできません。わからない場合は，繰り返し本書を読み返して下さい。応用レベルの問題は，必ずしも本書の中に答えが明示されているわけではありません。というよりも，私自身もその答えを随時考えているような問いかもしれません。しかしながら，今後，皆さんが心理職を目指していくにあたって，考えて欲しい問いだと思っています。

では，本講の問いにいきましょう。

> **☑ 理解度チェック課題**
>
> □ 問1 **基礎** 代表的な心理療法を4種類以上挙げた上で，各種心理療法が発展してきた歴史について説明しなさい。
>
> □ 問2 **応用** 臨床心理学的支援と宗教やいわゆる民間療法の差異と類似点を説明しなさい。

第
2
講

精神分析

○ 心理療法の理論の理解の仕方

　本講からしばらくは，前講で説明した歴史的な流れに沿って心理療法の各理論の概要について説明をしていきます。その際，心理療法の理論を三つの流れに沿って，理解するようにして下さい（こちらでも，そのように説明していきます）。三つの流れとは，①心とは何か（心理観），②病気や不適応とは何か（病理論），③治療とは何か（治療論）の三つです。まず，それぞれの心理療法の理論は人間や人間の心がどのようなものなのかということに関する仮説を持っています。これが，全ての前提になるので，まずはその心理療法の心理観のポイントを抑えることが大事になります。人間の心がどのようなものかということがわかれば，次に，その心が病んでしまうとか，不適応を起こしてしまうというのがどういうことか，ということに関して理解するようにします。そして，最後に，その病んでしまった心を治療していくとはどういうことなのか，という話になります。つまり，①は②を理解するための前提であり，②は③を理解するための前提になっています。心理療法の理論というと何やら難しそうな気がしますが，この①〜③の内容とその関係を説明できるようになれば，その心理療法の大枠を理解できたと言えます。こうした点に気をつけながら，講義を読み進めるようにして下さい。

○ 精神分析前史

　本日のテーマは**精神分析**です。図1-2（p.014）を見て，精神分析の位置づけを確認して下さい。この図から明らかなように，精神分析は先行世代における**無意識**の軽視を批判する形で誕生したものでした。また，精神分析は，近代・現代的な心理療法のスタート地点とも言うべきものです。この後の講義で紹介するように，行動療法，クライエント中心療法，認知療法，システムズ・アプローチといった手法が出てきますが，こうした次世代の心理療法も先行世代を批判的に継承する形で出現するものですから，その原点たる精神分析を理解しておくことはその後の心理療法の理解のためにも，重要なことです。

　精神分析とは非常に興味深いものです。この試みは，全ての心理療法の

原点でありながら，同時に，前近代的な（魔術的な？非科学的な？）心理支援と現代的な心理支援との過渡期的なものと見なされる場合があります。精神分析の初期には，支援の技法として催眠が用いられていましたが，その原点は，18世紀の**メスメル**（メスマー）(*Franz Anton Mesmer, 1734-1815年*) の動物磁気による治療を，イギリスのブレイド(*James Braid, 1795-1860年*) が催眠によるものだと指摘したことに求められます。動物磁気は物理的な存在を否定されていますが（つまり，メカニズムそのものはいんちきな治療方法だったわけですが），メスメルの動物磁気を用いたとされる治療によって実際に臨床的効果を得ていた人がいたことはおそらく事実でしょう。前講でも述べたように，真の治療上の効果があろうとなかろうと，治療を受ける側が，意味のある治療を受けていると思いこむことができれば，ある種の臨床的効果が発現してもおかしくないからです。

　実際にある主の治療上の手続きが開発され，そこに臨床的効果が確認（実感？）された後に，臨床的な効果のメカニズムが提唱されたものの，そのメカニズムが後年になってから（場合によっては一部）否定されて新たなメカニズムが提唱される，という流れそのものは，心理療法の歴史を見れば，実際には珍しいことではありません。メスメルの動物磁気の存在そのものは物理的に証明されてはおらず，それは正しくなかったかもしれませんが，こうした理論的運動そのものは科学的なものだと見なして差し支えないでしょう。そして，催眠は，フランスのシャルコー(*Jean-Martin Charcot, 1825-1893年*) によってヒステリーの治療に適用され，これを**フロイト**(*Sigmund Freud, 1856-1939年*) が学んだことが精神分析の創始へとつながっていきます。

---

❶メスメルの理論の詳細に深入りすることはありませんが，要するに，動物磁気という現代科学では存在の証明されていない謎の物質が人体に存在し，その流れやバランスが悪くなると病気になるという考えです。動物磁気の流れに影響を与えるため，治療を求める人たちに対して，奇怪な儀式を用いた「治療」をメスメルは行っていましたが，一時は非常に効くと評判になったようです。

❷認知療法，認知・行動療法の講義の際にも説明しますが，認知療法についても，治療上の効果については明確になったものの，そのメカニズムについてはその後に一部否定／修正され，それが第三世代の認知・行動療法と言われるものにつながっていきます。また，動機づけ面接も，先に面接技法が開発され，治療の効果が確認された後に，治療効果を生み出す理論が考えられていっています。つまり，現場での試行錯誤と有用な手続きの開発が先にあり，その後に理論が後づけされて，その理論が精緻化されていくという流れ自体は，心理療法の歴史の中で繰り返されているということです。

◯ 心とは何か

　それでは精神分析（的心理療法）の考え方の大枠について確認していきます。最初は，「心とは何か」です。

　精神分析では人間の心を意識・前意識・無意識の三層に分けて考えます。その際によく用いられるのが，氷山の例えというものです（**図2-1**参照）。人間の心全体を氷山に例えると，意識できる部分というのは，海面の上に出て我々が直接目視できる部分です。前意識は，海面からちょっと潜ったあたりで，通常視認できませんが，頑張って海に潜れば，見ることができる部分ということになります。無意識はそれよりさらに深い部分で，我々が頑張っても見ることができない部分，そうした部分が心の深くに広大に広がっているというイメージです。

　そして，我々の心には，抑圧する力と，意識化しようとする力が絶えず働いています。直接意識するのが大変な願望・感情・観念・記憶（例：苦痛を感じる過去の体験の記憶）といったものは，心の中で抑圧されて，無意識下に押し込められています。この機能のおかげで，我々の心は守られてもいますし，一方で，この機能は，自分の望むことや感じていることを正確に意識し把握することを大変難しくもしています。ヒステリーに対す

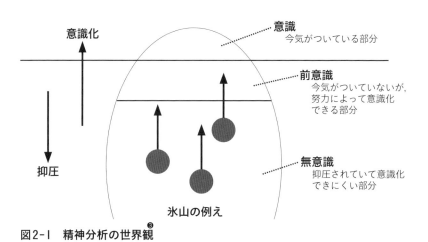

図2-1　精神分析の世界観[3]

[3]以下の文献を参考に筆者作成；前田重治（1985）『図説臨床精神分析学』誠信書房

る初期の治療では，この嫌なものを抑圧しようとする力と，思い出そうとする力の間で貯留ヒステリーがたまると（自然とそうした嫌な記憶・感情を表出できないと），それが身体症状（例：神経的に問題はないのに手が動かない）に転化されて，症状が形成されると考えられました。[4]

　心の中には，**エス**，**超自我**，**自我**という三つの機能があります。エスは日本語にするのであれば欲求（「○○したい」）です。超自我は規範意識（「○○せねばならない」）です。自我は理性（「○○しよう」）であり，エスと超自我と現実的制約を調整する機能です。この三つの機能の大半は無意識下に埋もれているもので，特にエスは最も深い無意識下にあるとされています。この三つの心の機能の相互作用として人間の心を理解していくのが精神分析的な（力動的とも言います）ものの見方です。つまり，我々の行動，夢，病気の症状といったものは，この三つの機能の相互作用の結果として出てくるものだと理解されます。その様子を示したのが，以下の**図2-2**です。

　図2-2を見ればわかるように，我々の行動は，エス（欲求）と超自我（規範）と現実的制約を自我が調整した産物として生み出されます。もちろん，これらが合致している時には，問題ありませんが，実際には欲求と規範と

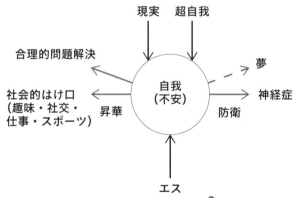

図2-2　精神分析における心の機能の概要[5]

---

[4]そのため，先に紹介した催眠（あるいは前額法）といった技法を用いることで，抑圧する力を弱め，貯留ヒステリーを出してやることで，ヒステリーの症状が解消されるとされていました。このような形で催眠は活用されていました（後に，自由連想法にいきつくことになります）。
[5]以下の文献を参考に筆者作成；前田重治（1985）『図説臨床精神分析学』誠信書房

現実が合致する場面は必ずしも多くはなく，自我はこうした三つの要素から常にプレッシャーを受けています。例えば，美味しいご飯をたらふく食べたいという欲求と，太ってはいけないという規範意識はぶつかります。また，今月食費に使えるお金は○○円であるという現実的制約もあるかもしれません。こうした葛藤を自我は処理して，何らかの結論を出していきます。

　自我は，エス・超自我・現実からのプレッシャーを受け，決断を迫られますが，もちろんこれらの葛藤をどのように処理するのかは人によって千差万別です。先の例で言えば，葛藤の結果として「今月は予算オーバーしても大丈夫，お金が足りなくなったら借りればいいし，今日は豪華な食事に行こう」と考えて散財してしまう人もいるでしょうし，「ダメだ，今日はしっかり節約するためにスーパーで安いものを買って，自分の料理の腕で美味しいものを作ろう」と考える人もいるでしょう。

　自我が十分発達して，色々な調整のパターンを持っていれば良いのですが，まだ自我が十分に発達していない場合，エス・超自我・現実からのプレッシャーに堪えかねて，自我は不安を感じることになります。そして，その際には，無意識的／反射的な癖（パターン）を使って調整を行います。それを専門用語では，**防衛機制**と呼びます（表2-1参照）。自我が，エス・超自我・現実からのプレッシャーを受けて不安を感じるので，その不安から自身を守るために使うので「防衛」機制と呼ばれると考えれば良いでしょう。

　自我の発達が不十分な幼少期に防衛機制を使うことは何ら問題ありません。例えば，既にオムツのとれていた幼稚園児が，下の子が生まれるとおもらしをするようになるといったことは珍しくありませんが，これは，「退行」という防衛機制が働いていると考えられます。親を生まれたばかりの下の子にとられてしまった上の子には，親に甘えたいという欲求と，下の子は世話が必要という現実と，お兄ちゃん／お姉ちゃんとしてしっかりしないといけないという規範意識が働くと思われます。それらの葛藤を上手く処理できずに，退行という防衛機制が働き，幼児返りをしておもらしをしてしまうというわけです。こうした例は，ある意味で健全です。

　しかし，防衛機制が幼少期を過ぎた後も慢性的／過度に用いられると自我の柔軟性が低くなります。防衛機制を使って無意識的に／反射的に調整

表2-1　代表的な防衛機制の種類とその内容[6]

種類	内容
抑圧	苦痛な感情や欲動, 記憶を意識から締め出す (例：嫌な出来事を忘れてしまう)
逃避	空想, 病気, 現実へ逃げ込む (例：幼稚園では友達ができないので, 空想上の友達と遊ぶ)
退行	早期の発達段階へと戻る。幼児期への逃避 (例：幼稚園児が下の子が生まれるとおもらしをするようになる)
置き換え (代理満足)	欲求が阻止されると, 欲求水準を下げて満足する (例：もう少し安い値段の指輪で妥協する)
転移	特定の人へ向かう感情を, よく似た人へと向け換える (例：親に向けていた敵意／好意をセラピストに向ける)
転換	不満や葛藤を身体症状へ置き換える (例：先述のヒステリーの症状)
昇華	反社会的な欲求や感情を, 社会的に受け入れられる方向へ置き換える(例：失恋した悔しさをスポーツにぶつける)
補償	劣等感を他の方向で補う (例：勉強は不得意だからスポーツを頑張る)
反動形成	本心とウラハラなことを言ったりしたりする (例：「べ, 別にアンタのことなんか好きじゃないんだからね！」)
打ち消し	不安や罪悪感を別の行動や考えで打ち消す (例：「そんなことは起こらない」と頭の中で何度も唱える)
投影	相手へ向かう感情や欲求を, 他人が自分へ向けていると思う (例：浮気願望のある人が交際相手に浮気願望があると勘ぐる)
合理化	欲求が満たされなかった時に, もっともらしい理由を考えて納得する(例：イソップ童話の酸っぱい葡萄の話)
同一視	相手を取り入れて自分と同一と思う (例：ペアルックを着るカップル)

[6]以下の文献を参考に筆者作成；前田重治（1985）『図説臨床精神分析学』誠信書房

をすることを繰り返していると，自我が発達する機会が失われ，そうなるとますます自我の機能が低下して防衛が必要となり，結果として不適応な状態に陥っていくという悪循環に陥ります。オムツのとれていた幼稚園児が退行しておもらしをするのは可愛いものですが，それをもう少し上の年齢の人がやっていたらまずいことは容易に想像がつきますし，大人になっても同じようなことをやっていたら，病的だと見なされるでしょう。

⚙ 病気／不適応とは何か

　「心とは何か」という話が終わりましたので，次に，ではその心が病むとはどういうことかという話にいきたいと思います。

　既に説明した通り，病的な行動や不適応的な行動は，エス・超自我・現実の葛藤を自我が調整した結果として出てくるものでした。かなり難しい葛藤でも，自我が（年齢相応に）十分発達していれば，病的な行動をとらず，うまく調整することができるかもしれません。しかし，自我の力が十分ではない状況であれば，その葛藤にうまく対応できず，病的／不適応的な行動をしてしまうかもしれません。精神分析の創始者であるフロイトは**退行**を精神分析における病理論の中心的な概念としました。つまり，それまでに発達した自我の状態や機能が以前のより低次な状態や機能へ逆戻り

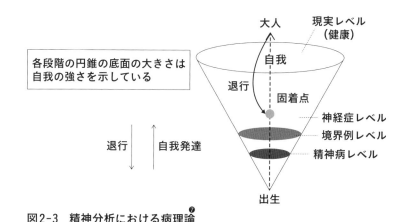

図2-3　精神分析における病理論[7]

[7]以下の文献を参考に筆者作成；前田重治（1985）『図説臨床精神分析学』誠信書房

してしまい，**エス・超自我・現実の葛藤を発達段階相応に処理できなくなった状態こそが病気／不適応**だと考えたということです。

　図2-3の円錐の底面の大きさは自我の機能の強さを表しています。生まれた時から基本的に自我の機能は強さを増して，徐々に成熟していきます。しかし，社会生活上で何らかの拒否（欲求阻止）にあうと，過去の**固着点**に引かれて退行が起こる場合があります。固着点とは，発達の途中でその段階に必要な願望の充足がなされなかった（あるいは，過度に充足された）ところのことです。まぁ簡単に言えば，幼少期に満たされなかった時代のことだと考えれば良いでしょう。その段階まで自我の水準が戻ってしまえば，当然，自我の調整の機能が弱くなってしまい，今まで調整できていた葛藤が調整できなくなったり，期待される水準で葛藤を処理できなくなります。これが，病気／不適応の正体というわけです。

　自我の退行の水準に合わせて，精神分析では病的な状態を大きく，**神経症**，**境界例**，**精神病**，という三つのレベルに分けてとらえます。退行の度合が一番少ないもの，つまり，病気が一番軽いものが神経症です。反対に，退行の度合が一番大きいもの，つまり，病気が一番重いものが精神病です。精神病と神経症の間を境界例と考えます。どの程度の退行度合かということについては，自我の強さを見ながら考えていきますが，一般的に**表2-2**（次ページ）のような観点から自我の強さ（あるいは退行の程度，病気の程度）は判断されます。なお，次の項で説明をしますが，精神分析的な治療は，主に神経症と境界例に対して適用可能なものであり，精神病には向かないとされていました。

表2-2 自我の強さを判断する際の視点とその内容[8]

観点	内容
現実吟味 （現実検討）	困難な現実を客観視し,否認や逃避をすることなく直面しうる強さの程度
フラストレーション 忍耐度	不満や不安に耐える強さの程度
防衛機制	不満や不安を現実に即して処理し得る健康的な防衛機制を身につけているか（特に昇華の能力）
統合性,安定性	分裂することなく,一貫性を保ち,バランスよく安定しているか
柔軟性	自我の弾力性,随意に退行しうる心の柔らかさの程度（心のゆとり,あそび）
自我同一性の確立	社会的に肯定・是認された役割への自覚と責任感の程度

◐ 治療とは何か

「病気とは何か」という話が終わりましたので,では,それをどうすれば治療できるのかという話に入っていきます。

病理論で既に説明したように,精神分析において病気や不適応は,自我の退行（機能縮小）による葛藤の不適切な解決によって生じると考えるのでした。そこから論理的に導かれる帰結になりますが,**病気の治療とは退行した自我を元の水準に戻すこと**になります。つまり,自我を鍛え直して縮小した機能を回復させるか,あるいは欠けている部分を育て直すということになります。

それでは,どうやって失われた自我の機能を回復させていくのでしょうか?

そのための方法としてフロイトが行きついた先が,**自由連想法**です。自由連想法は,概ね,①基本原則の説明と治療的退行の促進,②転移の発現と転移神経症の形成,③徹底操作と洞察の展開,という手順に沿って進んでいきます。順を追って説明をします。

[8]以下の文献を参考に筆者作成；前田重治（1985）『図説臨床精神分析学』誠信書房

①基本原則の説明と治療的退行の促進

　自由連想法では，読んで字のごとく，頭に浮かんできたことを（その時に連想したことを）自由になんでも喋っていくという対話技法です。治療者は「頭に浮かんでくることを，そのまま言葉にして喋って下さい。こんなことを話すのは，つまらない，恥ずかしい，病気には関係ない，不快である，分析者（治療者）を怒らせるのではないか，と思われることでも，そのまま浮かんできた通りに報告して下さい。」などと言って面接を開始します。

　ちなみに，元々の精神分析における自由連想法では，カウチ（寝椅子）を使っていたそうです。写真の引用は控えておきますが，ロンドンのフロイト博物館にある寝椅子は非常に有名です（「ロンドン　フロイト博物館」で画像検索して下さい[9]）。魔術的な（？）雰囲気のあるカウチに患者は寝て，そこで自由に頭に浮かんだことを報告します。注目すべきは，フロイトが座っていた場所で，カウチの横にある緑のベロアの椅子の上に座って話を聞いていたそうです。つまり，まったく視線も合わず，別々の方向を見ながら話をしていたということです。現在でも，病院のベッドに横たわる患者の話を医師や医療関係者がベッドサイドで聞くことはいくらでもあります。しかし，こんなシチュエーションで話を聞くことはおそらく絶対にないでしょう。であれば，なぜこのような状況で話をしていたのか，ということは考えてもらいたいと思います。

　そして，対話が進むにつれて，退行が進んでいきます。精神分析では，我々の心の大半は無意識的なものだと考えたのでした。つまり，自我も超自我もエスもその大半は無意識的なもので，普段はその機能は無意識下に抑圧されており，我々が意識することはできません。言葉で扱って，その内容を言語化（意識化）することができないということです。そのため，この抑圧を弱めなければ，自我・超自我・エスを意識化する（≒自分を知る）ことはできないわけです。そして，そのための（抑圧を弱めるための）手法が自由連想法であり，何でも頭に浮かんだことを喋っていくことに

---

[9] 少し話はそれますが，フロイト博物館はなぜロンドンにあるのでしょうか？　フロイト（1856–1939年）はもともとオーストリアに住むユダヤ人でした。ナチス・ドイツによるオーストリア併合は1938年で，ユダヤ人であったフロイトは当然迫害の対象です。そのため，晩年，イギリスに亡命しています。亡命先のロンドンで過ごした家が，現在のフロイト博物館だそうです。義務教育段階の歴史教育が，専門教育の段階において必要になるとは，こういうことです。

よって，徐々に治療的な退行が進み，抑圧の程度が弱くなっていくということになります。

②転移の発現と転移神経症の形成

　面接が進んでいくと，徐々に**転移**(*transference*)と呼ばれるものが出現します（転移は防衛機制の一つです。前述の表2-1「代表的な防衛機制の種類とその内容」の転移の項も参照のこと）。転移とは患者が分析者に対して抱く，意識的／無意識的空想のパターンで，抑圧された願望と人生早期の対象関係の結果として生じてくるものです。ごく簡単に言えば，患者が分析者に向ける好き（陽性転移）とか嫌い（陰性転移）といった感情で，こうした感情は，そもそも患者がその親に対して向けていたものを起源としているというわけです。

　ちなみに，反対（分析者から患者に向けた感情）を**逆転移**と言います。まぁ当たり前と言えば当たり前ですが，患者がセラピストに対して好き／嫌いと感じることがあるように，分析者の方も患者に対して好き／嫌いといった感情を感じることはあります。皆さんも，あの先生は好きだけどこの先生はどうもいけ好かないというのがあるように，教員の方も，あの学生はなんか苦手…ということはあります。心理支援上，逆転移は通常，克服の対象とされます。つまり，支援者が患者を苦手だとか嫌いだとか思うのは治療上まずいですし，反対に好きになってしまうのも当然まずいことです[⑩]。

　分析者との間で転移関係が形成されるほど関係性が深まってくると，転

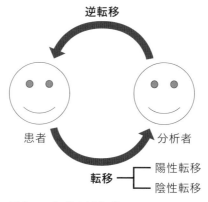

図2-4　転移と逆転移

移神経症が形成されます。普通の神経症ではなく，転移神経症と言っているのは，このような治療における転移関係の中で発現する（セラピストとの転移関係の中で再現される）神経症ということです。なぜこんなものを発現させるのかというと，治療の場面で神経症が（相談者を悩ませている問題が）出てくれば，治療が容易になるからです。まさに目の前で病気が展開されていれば，治療をする側もされる側も，それを意識することが容易になることは目に見えています。

　これだけ言われてもわかりづらいと思いますので，具体例を出しましょう。以前，私が大学院生で臨床心理士としてのトレーニングを受けている時，他の大学院の院生がセラピストになるセラピーに患者として通うというトレーニングをしていました。トレーニングとはいえ，そこでは一応，まったく知らない分析者に対して，その時に自分の抱えている問題を喋っていたわけですから，一般的な心理支援場面と言えます。その際の契約は，毎週1回，1回1時間，合計4週間面接に通うことでした。

　当時のことが正確に記憶に残っているわけではないのですが，私としては，1週目も2週目も，自分の抱えている悩みについてそれなりに誠実に伝えたつもりでした。しかし，その時，私はセラピストからの反応が薄く，しっかりとリアクションが返ってこないことに強い不満を持っていました。二週目の面接の終わりに，私はそのことをセラピスト役の学生に伝えました。そういうわけで，三週目は，セラピストの話の聞き方に何らかの変化があるのではないかと期待して面接に臨んだわけですが，その期待は裏切られ，結局相手からのリアクションがほとんどなく，暖簾に腕押しのような感じがしていました。そういうこともあり，四週目は行くのが億劫になって休んでしまいました。ただ，その面接は訓練の一貫であり，行かないと単位が取れず困ることは目に見えていたので，仕方なく四回目の面接に翌週行くことにしました。そして，5分ほど喋ってまったく変わっていない状況を確認した後に，私はその後の時間（50分ほど）ずっと黙って

❿逆転移が克服の対象とされているということは，それはある意味で言えば，ありふれたことだからとも言えます。また，陽性の逆転移であってもまずいと書いたのは，やはりそれが「まずい」ことだからです。公認心理師資格をとる人は，「公認心理師の職責」という授業の中で，職業倫理を学びます。その中では，治療関係における恋愛に関するものが出てくると思います。それは当然，そういうことがままある（あるいは，構造上起こりやすい）ことを意味しています。ただし，逆転移を自覚しコントロールすることができれば，解釈上役に立つこともあります。つまり，自分が苦手意識を感じる患者ということは，この人はこんな感じかな，といった形で相手を理解するのに役立つことがあるということです。

いました。セラピスト役だった学生は何度か話しかけてきましたが，最後は泣いていました…。

　今となってはやや大人げない気もしますが…。当時の私は怒っていました。しかし，これは面接室の外では起こらないことです。私はいくら皆さんが授業を真面目に聞いていなくても，授業中に寝ていようとも，リアクション・ペーパーに書かれたコメントが薄かったり的外れだったりしても，傷つくことはあっても授業時間中に黙り込んだりはしません。授業を休むこともありません。50分もの間一緒にいながらずっと黙りこくっているというようなことは，面接室のような密室の中で，セラピストとの関係性の中でしか起りえないことです。だからこそ，この出来事は私自身の問題点をえぐり出していたと今ならばわかります[11]。これが，面接室の中で神経症が発現するということです。

③徹底操作と洞察の展開

　さて，次の項目にうつりますが，先の体験談を続けておきます。私の神経症が面接室の中で爆発していたその時に，私が相談していた内容と，こうした防衛機制（大事な人との関係性の中で黙りこくるような防衛機制）のあり方を関連づける指摘をセラピスト役の学生ができていればどうなっていたでしょうか。おそらくですが，私は感動して「ああ，なるほどな。そういうことだったのか，この人の言うとおりだ。」と思っただろうと思います（実際の面接では当然そんなことは起こらず，セラピスト役の学生は泣いていましたが，まぁそれもトレーニングを始めた当初では仕方のないことかもしれません）。

　徹底操作とか洞察というと難しいように思いますが，つまり，こうやって面接室内に引きずり出した神経症を扱って，患者が訴える問題の構造に解釈を加え，説明をしていくことです。そして，その説明によって，それまでは気づかなかった自らの心のありようについて（無意識的な願望，規

---

[11] 今ならばわかりますと偉そうに書きましたが，実はこれも自分一人でわかったわけではありません。実は，この出来事があった数年後，（念の為名前は伏せておきますが）高名なセラピストの方とシンポジウムの演者として同席する機会があり，お昼ご飯を一緒に食べていました。雑談の流れの中でたまたまこういうことがあって，ひどい目にあったんですよ，という話をした時に，さらっと「それが君のくせなんだねぇ」といった類のことを言われ（正確にどう言われたのかは覚えていないのですが），その一言で，「そういうことだったのか！」と色々なことが自分の中でつながったのでした。つまり，洞察は面接の数年後にやってくる場合もあるということ，凄腕のセラピストは適切に状況を見抜き，短い一言で色々なことを伝えてくる，自分の（無意識）を理解することはそれほど難しい，ということです。

範意識，調整の癖を）情動的に（≠知的に）理解をすることができることを**洞察**と呼びます。このような作業を繰り返すことによって，自我が強化されていき，結果として病気が良くなっていくというのが，精神分析における治療の主要な流れです。もちろん，このエピソードは一つのものであり，たった一つの洞察によって直ちにその人の自我が大きく変容するというわけではありません。洞察を積み重ねることによってこそ，大きな効果／変化が得られます。

　ただし，実際の精神分析的治療においては，もちろん洞察（＝自我の強化）こそがメインの治療要因になるわけですが，患者を洞察へと導くために以下のような要因も用いられます。

表2-3　患者を洞察に導く要因[12]

要因	内容の説明
カタルシス	抑圧されていた情動の発散
とり入れ	分析者との同一化，分析者の健康的部分のとり入れ
支持 （共感・受容・是認）	分析者から連想に関心を持たれ，傾聴される体験 分析者からの共感を通した自己愛的満足と自尊心の高揚
示唆・再教育	新しい自己を発見する視点を学ぶ

⚙ 治療の特徴

　ここまでで精神分析における治療の流れまでが理解できたと思いますが，それでは，この治療にはどのような特徴があるでしょうか。

　第一に，自由連想法のような治療方法は治療対象が限られます。精神分析では，神経症や境界例までが治療の対象とされていましたが，それだけではなく，自由連想をやるにはある程度の言語運用能力や知的な能力が必要です。そのため，子どもを治療の対象にすることはできず，ある程度の知的水準にある大人が対象ということになります。

　第二に，これはもともとも精神分析に特徴的ですが，ものすごい治療コストがかかります。本来の精神分析は，週3〜5回の面接を長期間（1〜数

[12]以下の文献を参考に筆者作成；前田重治（1985）『図説臨床精神分析学』誠信書房

年）にわたり行う必要があります。これは考えてみれば当たり前のことですが，自我を強化するということは，端的にいってその人の性格・人格そのものを変えていくような試みですから，物凄い時間がかかります。子どもを育て直すようなイメージです。

　ここで皆さんに考えておいてもらいたいのは，フロイトが活躍した当時には，こういうことが可能であったし，期待もされていたということです。精神分析の理論的発展には，現代のDSM-5（アメリカ精神医学会が定めた精神症状の分類，p.197参照）でいうところの身体症状と関連障害・解離性障害（その中でも特に，転換性障害），いわゆるヒステリーが寄与しています。ヒステリーは，生理学的原因は見当たらず，典型的には何らかのストレスを引き起こす体験に関連して発症する女性に多い病気でした。[13]　精神分析の創始に影響を与えたと言われる有名なアンナ・Oの症例などを読めばわかることですが，出てくる患者がお金持ちです（嫌っていた女性の使用人の話とか出てくるわけです）。フロイトは，ウィーンで開業医をしていたわけですが，そこに治療に通ってくる人たちは，お金持ちの女性です。私も含め皆さんの多くは，仮に心理的問題で困っており，精神分析が効くことがわかっていたとしても，週3～5日，年単位で心理面接に通うことは色々な意味で（金銭的，時間的に）無理だと思います。

　ただ，これだけのコストがかかる理由も，ある意味で考えてみれば当たり前ですし，納得がいくものです。精神分析の目的は自我の強化であり，それはつまるところ人格の変容ですから，時間が必要なのは当然のことです。そんなに簡単に人格が変わってしまったらびっくりですし，困ります。だからこそ，年単位の時間が必要になってきます。

　そのような意味で，元々の精神分析の形は，現代社会に適応できていません。求められていませんし，そんなものを提供しても，通ってこれる人がほとんどいないので，その機関はまともに経営できないはずです。だからこそ，精神分析は大きくその姿を変え，現代における精神分析的な心理療法も，自我の強化のような大きな・時間のかかる目的ではなく，生活態度の改善や社会適応の促進あたりを目的としたものに変わってきています。

[13] ヒステリー（hysteria）は，ギリシャ語のヒステラ（hystera）＝子宮に由来します。

◯ おわりに

　ここまで，精神分析／力動的心理療法と呼ばれる心理療法の考え方の
エッセンスについて駆け足で見てきました。精神分析はその後に様々な人
の手を経て，心理学・精神医学に限らず人文・社会諸科学に多大な影響を
与える教養になったと言って間違いはないと思います。[14] 一方で，治療的技
法の進展により，心理支援の現場からは姿を消しつつあると言って良いの
が現状です。現代における各種の著名な精神障害に対する治療ガイドライ
ンにおいて，精神分析がファースト・チョイスになっているものはまずあ
りません（もちろん，その後に発展した心理療法はみな精神分析から多か
れ少なかれ影響を受けているので，精神分析が現場で生きていないという
ことではありません）。

　なお，精神分析が支援の現場での影響力を弱めていった背景には，①科
学性の欠如に対する批判（例：再現可能性のある研究を土台とした効果や
効果のメカニズムに関する研究がなされていない），②精神科治療薬の発
展（例：脳内の物質に作用する精神科治療薬が精神症状の変化に効くとい
うことは，症状は無意識の問題ではなく，身体の問題である），といったも
のが挙げられます。そして，次講からは，精神分析の科学性の欠如を批判
した急先鋒である，行動療法の話になります。

✓ 理解度チェック課題

□ **問1** **基礎** 精神分析における心理観（心とは何か），病理論（病気
／不適応とは何か），治療論（治療とは何か）について説明し
なさい。

□ **問2** **応用** 一般に「科学的」とはどのようなことを意味しているだ
ろうか？　また，自らが回答した「科学的」という言葉の意
味の観点から精神分析は科学的と言えるだろうか？　あるい
は言えないだろうか？　その理由を述べなさい。

---

[14] 私は和光大学というところに勤務しているので身内びいきで紹介しますが，精神分析の思想としての活用
の具体例を知りたければ，岸田秀先生（和光大学名誉教授）の『ものぐさ精神分析』などを読んでみるの
も良いでしょう。これは，心理療法の話ではなく，精神分析の思考の枠組みを用いた史的唯幻論（人類史
の新解釈）の話です。精神分析が心理学・精神医学に限らず人文・社会諸科学に多大な影響を与えたとい
うことの意味が実感できるはずです。

コラム❶ 学ぶってどういうこと？①

　私は素人ながら歴史が好きで，深夜に録画した BS のマニアックな番組をよく見ています。とある番組を見ていところ，千田嘉博先生という奈良大学の先生が番組に出ていたのですが，この先生が，私にはただの山か，山の斜面にしか見えないようなところを見ながら「すごいー！」「大発見だー！！」とテンション高めにはしゃいでいました。言ったらなんですが，もう還暦も近い人が，私にはただの山の斜面にしか見えないものを見て，「大発見だ！！！」と大はしゃぎしているわけです。とても楽しそうで好ましい映像でした。他人にはよくわからないものを見ながらテンション爆上げしているというのは，一応研究者の端くれとして，私にもとてもよくわかります。

　千田嘉博先生は城郭考古学者です。城郭考古学とは，昔の（古代・中世の）お城について考古学的観点から研究する学問領域のことです。そして，その時に千田先生が訪れていた山（にしか私には見えないもの）は有名なお城だったそうです。[❶]千田先生には，確かにそこに中世の城の一部が見えているわけです。しかし，私には見えません。なぜなら，私は古代や中世のお城が実際にどういうもので，それが現代まで残っている時に，どのように風化するのかということに関する知識がないからです。

→→→ 52 ページへ続く

❶興味のある人は，ツイッターで検索してみてください。千田先生のアカウントには，よくわからない城（私には見えない）の写真がいっぱい載っています。

第

3 講

行動療法1‥レスポンデント条件づけ

　本講のテーマは**行動療法**です。ここから数回は認知・行動療法の理解に向けての講義が続いていきます。認知・行動療法は、現代における心理療法の中核的役割を担う理論であり、その理解に向けて講義全体のボリュームを厚めにとっています。その中でも今回は、**レスポンデント条件づけ**について扱います。

　図1-2（p.014）を見て、行動療法の位置づけを確認して下さい。この図から明らかなように、行動療法は先行世代における内観法という研究法を批判する形で誕生したものでした。内観法とは、心の内を（意識の状態を）自ら観察する研究手法を指しています。しかしながら、そのような形で心を研究することは客観的とは言えません。自分の意識状態を自分しか確認できないのであれば、その研究には再現可能性がない（同じことを他の人がやって、正しいかどうかが判断できない）ため、科学的とは言えないというわけです。

　人間の心を目に見える形で測定して研究するため、批判者達は「行動」に着目しました。我々の心の有様とは異なり、行動はその行動をしている本人は当然として、誰からも客観的に観察することができます。つまり、客観的な（科学的な）データとなりえます。そのため、研究の科学性を追求した批判者達は、人間の「行動」を測定の対象とし、その行動の背後に心のメカニズムを想定することで、人間の心を研究する心理学を成り立たせようとしたわけです。このような考え方を、**行動主義**（心理学）と言います。以上から明らかなように、行動主義では（あるいは、行動療法では）、科学性というものを大事にします。このことは、行動主義心理学者や行動療法家が精神分析を（科学的ではないという意味において）強く批判したことにも現れています。

　そして、行動主義の発展の中で蓄積されてきた研究知見を臨床応用しようとして生まれたのが、行動療法です。行動療法が他の心理療法と決定的に違う点はこの部分です。前講の精神分析の位置づけでも確認したように、ほとんどの心理療法は、現場での試行錯誤が先にあり、そこで役に立つ対話や介入の技術が発見され、その後に理論がいわば後づけで付与されます。行動療法の場合は、そうではなく、理論が先にあり、その理論を臨床応用しようとした点が特異的です。つまり、他の心理療法が、「実践→理論」であったのに対し「理論→実践」というわけです。ですから、理論の

重みがある意味で非常に重く，何よりもまず，理論の理解が求められることになります。

行動療法の中核的な理論としてこの講義では，**①レスポンデント条件づけ**，**②オペラント条件づけ**，**③社会的学習理論（モデリング）**を取り上げます。まずは，これらの行動を説明する原理を理解し，その上で，我々はなぜ病的な行動をしてしまうのか，そしてそれはどうすれば解消できるのか，という点を理解することが大事です。

❖ パヴロフの犬

レスポンデント条件づけ（古典的条件づけ）は，ロシアの**パヴロフ**(*Ivan Pavlov, 1849-1936年*)によって発見されたとされています。パヴロフのことは知らない人が多いかもしれませんが，**パヴロフの犬**というキーワード程度であれば知っている人も多いのではないでしょうか？

パヴロフという人はロシア人初のノーベル賞（生理学・医学賞）受賞者です。ロシア人にとってのパヴロフは，日本人にとっての湯川秀樹のような存在だと思えばいいでしょう。このパヴロフという人は，心理学の概論的教科書には必ず出てきますが，心理学者ではなく，生理学者です。それだけ言われても何が違うのか？という感じかもしれませんので，具体的に何を研究していたのかを書いておきましょう。パヴロフは，いわば犬の手術屋さんで，外科的な手術を加えながら犬の消化システムを研究していました。パヴロフがノーベル賞を受賞した消化腺に関する研究をしている様子を表しているのが**図3-1**（次ページ）です。

この虚ろな目をした犬には，外科的な処置が施されています。図のBの部分が切開されているので，この犬はいくら食べても，胃にエサが入らず，食べたものは皿に戻ってしまいます。胃も切開されており，そこからチューブが出ています。チューブの先にあるビーカーに何やら液体が垂れていますが，これは犬の胃液ということになります。なぜこんな手術を犬に施しているのでしょうか。当時，胃液は胃に食べたものが入り，その物理的重みを胃が感じることで胃液が出る（消化活動が行われる）と考えられていました。そうではないと考えたパヴロフは，それを証明するために，この図のような外科的処置を施し，胃に食べたものが入らなくても胃液が

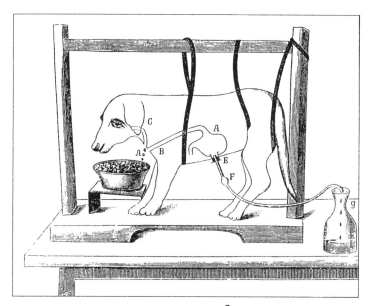

図3-1 パヴロフの犬が実験されている様子[1]

分泌されることを突き止めたわけです（つまり，胃液が出るきっかけは胃にものが入ったことではないということが証明されたわけです）。

　話は逸れてしまいましたが，パヴロフはこのような犬の生理学的研究をしていたわけですから，当然，多数の犬を飼育していました。このことが，犬がエサ係の靴音に反応して唾液を垂らしていたという有名なエピソードにつながっていきます。犬がエサ係の靴音に反応して唾液を垂らしていたと書きましたが，多くの人は，だから何だよ？と思ったと思います。ここに，心理学の教科書に掲載されるような出来事があるでしょうか？　普通のことだろ？と思ったりしませんでしょうか？　私は，だから何よ？と最初は思いました。

　犬が音に反応して唾液を垂らすのは，よくよく考えてみれば，自然なことではありません。なぜならば，唾液は何か食べ物を消化するために分泌されるのであり，当然のことながら，靴音は食べられないからです。食べられないものに唾液を垂らすというのはおかしなことではないでしょう

[1] 以下の書籍より引用しています。ダニエル・P. トーデス（2008）『パヴロフ：脳と行動を解き明かす鍵』大月書店

か？　おかしなことなのは当然のことで，これは，パヴロフの研究室に来た犬が学習したことだからです。つまり，この犬の反応は，先天的なものではなく，後天的に学習されたことだということです。ここで見られた学習の原理こそが，レスポンデント条件づけ（古典的条件づけ）と言われるものです。

✲ レスポンデント条件づけ （心とは何か）

　図3-2は，特定の音に反応して（図の場合は，ベルの音）唾液が分泌されるまでの学習の過程を表したものです。唾液は食べ物を食べれば反射的に分泌されます。このように，我々が通常，「反射」と呼んでいるような反応（行動）を引き起こすような刺激を**無条件刺激**，無条件刺激によって起こる反応を**無条件反応**と呼びます。ベルの音は学習の対象となるものですが，これは通常，唾液を分泌させることはありません。これを**条件刺激**と呼びます。条件刺激（ベルの音）では無条件反応（唾液の分泌）は起こりません。

　次に，条件刺激と無条件刺激を対提示します。色々なパターンがありますが，普通は，条件刺激を提示した後に，無条件刺激を提示します。つまり，ベルの音を聞かせてから犬にエサを与えるということです。当然，エ

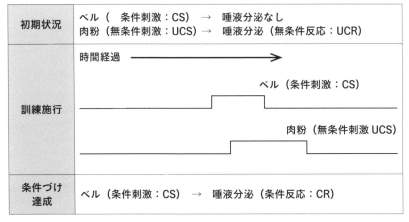

初期状況	ベル（　条件刺激：CS）　→　唾液分泌なし 肉粉（無条件刺激：UCS）→　唾液分泌（無条件反応：UCR）
訓練施行	時間経過 ──────────▶ ベル（条件刺激：CS） 肉粉（無条件刺激 UCS）
条件づけ 達成	ベル（条件刺激：CS）　→　唾液分泌（条件反応：CR）

図3-2　パヴロフの犬の逸話とレスポンデント条件づけ

サが与えられれば犬は唾液を流します。この対提示を何度か繰り返していきます。すると、エサが与えられなくともベルの音が鳴るだけで、唾液が分泌される（**条件反応**）ように犬の反応（行動）のパターンが変化します。これが「学習」であり、我々が様々な刺激に対して多様な反応を示すようになるメカニズムだということです。

　この一度学習された反応（行動）は消去することができます。学習成立後に、条件刺激だけを提示し続けていくと、条件反応は次第に弱くなり、最終的に条件反応は消去されます（**レスポンデント消去**）。つまり、ベルの音だけを提示してエサを出さないということを繰り返していくと、最終的にはベルの音を聞かせても唾液が分泌されなくなるということです。もちろん、消去といっても学習が成立する以前の元の状態に戻るわけではありません。例えば、消去手続きを行い、しばらく間をあけてから再びベルの音を聞かせると、再度唾液が分泌されることがあります（**自動回復**）。

　また、学習が成立した後には、条件刺激は通常の無条件刺激と同じような機能を持つようになります（**二次条件づけ**）。ベルの音で唾液を出すようになった場合、ベルの音と通常は唾液の分泌を促さないような刺激（例：特定の匂い）を対提示すると、やはり、その刺激（特定の匂い）だけで唾液が分泌されるようになるということです。具体例を挙げましょう。皆さんには、嫌いな先生が教える教科も嫌いになったという経験がこれまでになかったでしょうか。通常、人間は条件刺激であり、最初から嫌悪感を引き起こすわけではありません。しかし、例えばその人がよく突然怒鳴って大声を出す（無条件刺激）ような人であれば、その人を見ただけで嫌悪感を感じるようになるでしょう。そして、無条件刺激と同等の機能を獲得したその嫌悪感を引き起こす人間が毎回同じ科目の授業を開始するわけですから（つまり、対提示が行われるわけですから）、科目の内容とは関係なく、その科目も嫌いになるわけです。このようなよくある経験も、条件づけの原理で説明することができます。

✺ 病気／不適応とは何か

　ここまでの話を聞いて、だからそれが精神障害とか心理療法とどう関係してくるのよ？と思った人はある意味でちゃんと文章を読んでいると言っ

て良いでしょう。それでは，これが，人間の精神障害とその治療とどう関わってくるのかという話をするために，**ワトソンとレイナーの実験**と呼ばれる実験を紹介します。

　この実験の対象者は，アルバートという名の赤ちゃんです。アルバートが8か月の時点で，実験に先立って，予備的な検査が行われました。ここで，アルバートに様々なもの（例：白いネズミ）を見せて，それらを怖がらないことが確認されました。次に，実験者はアルバートの背後で突如大きな音を鳴らしました。アルバートは泣き出してしまいましたが，これは，アルバートが背後で突如鳴る大きな音に恐怖を示すことを確認したのでした（大きな音は無条件刺激，それに対する恐怖は無条件反応です）。

　アルバートが11か月になった時点で，実験がスタートしました。この実験では，アルバートに白ネズミを見せます。そして，アルバートが白ネズミに手を伸ばして触れ合おうかという時に，アルバートの背後で突如大きな音を鳴らします。どうなるでしょうか。当然，アルバートは大きな音に反応して，恐怖を感じます。これを数回繰り返すと，もともと白ネズミを怖がらなかったアルバートは，白ネズミを見ただけで泣き出すようになったそうです。

　なぜこのような変化がアルバートに起きたのでしょうか。この現象は，パヴロフの犬と同様，レスポンデント条件づけの原理で理解することができます。背後で突如鳴る大きな音は無条件刺激であり，それによって起こる恐怖感は無条件反応です。そして，白ネズミが条件刺激にあたります。無条件刺激（背後で突如鳴る大きな音）と条件刺激（白ネズミ）の対提示を繰り返すことによって，もともと白ネズミに恐怖を感じなかったアルバートが，白ネズミに反応して恐怖を示す（条件反応）ようになったわけです。

　つまりこれは，**不安障害**や不安障害に関連する精神障害（この場合は，恐怖症）がなぜ起こるのかということを説明しています。不安などに代表されるようなネガティブな感情そのものは人間にとって必要なものです。何をするにも不安をまったく感じないような人間がいたとしたら，それはそれで困ったことになるでしょう（例：試験前に勉強をやっていないことにまったく不安を感じない）。特定の刺激に対して不安や恐怖などのネガティブ感情を感じることを学習する機能が我々には備わっており，それは

正常なことです。ただし，その**頻度**（頻繁に恐怖を感じる），**強度**（物凄く強い恐怖を感じる），**持続時間**（いつまでたっても怖いまま）が正常の範囲をこえてしまった時に，困った状態／不適応的な状態に陥ってしまいます。例えば，ネズミに恐怖を感じることそのものは問題ないことですが，ネズミに物凄く強い恐怖を頻繁に感じ，それがいつまでたっても消えないので，ネズミが多数生息する地域にある大学に通うことができず引きこもり状態になっている，となればこれは問題があるかもしれません。これが，行動療法における病気の捉え方です。

☀ 治療とは何か

「病気とは何か」という話が終わりましたので，では，それをどうすれば治療できるのかという話に入っていきます。

行動療法において病気は，学習原理が過度に機能した結果，その行動（反応）の頻度・強度・持続時間がおかしなことになり，社会生活を送るのが困難になったと考えるのでした。その行動（反応）はレスポンデント条件づけの原理に則って学習したものですから，当然，レスポンデント消去することが可能ということになります。消去によって，**頻度・強度・持続時間を社会生活が送ることができる水準に調整する（増強する場合もあれば，低減する場合もあります）のが治療**ということになります。

上述のアルバートで考えてみましょう。アルバートが白ネズミ恐怖症を発症したのは，レスポンデント条件づけの原理によるもので，ある意味で正常な反応です（赤ちゃんが仮に白ネズミに恐怖を示したとしても，その社会生活に困難が発生するとは思えませんので，病的とは言えませんが）。それでは，この白ネズミ恐怖症を治療する（消去する）にはどうすればよいでしょうか。条件反応である白ネズミへの恐怖は，無条件刺激（背後で突然なる大きな音）を提示せず，条件刺激（白ネズミ）だけを提示し続けていくことでレスポンデント消去できるはずです。つまり，大きな音が突如鳴ったりするようなことのない安心できる環境の中で白ネズミと触れあっていくことで，白ネズミへの恐怖は消えていきます。これが，不安障害や恐怖症への治療法として用いられる曝露法❷という手法です。

さらっと書きましたが，曝露法という手法はけっこう大変なものです。

想像してもらいたいのですが，曝露する対象は，端的に言えば不安を感じたり恐怖を感じたりする非常に嫌なもののはずです。いくら無条件刺激は取り除かれているとはいえ，既に学習は成立しているわけですから，曝露をすれば当然少なくとも一時的には不安感や恐怖感を感じます。

　条件刺激に曝露するのは大変なことです。そのため，通常は，生活を障害している条件刺激を列挙し，リスト化した上で，どの刺激に対する曝露がどれくらい嫌かという順位づけを行い（**不安階層表**の作成），曝露できそうなレベルの嫌さのものを探っていきます（受診をするような人の場合は，不安や恐怖を感じるものは一つではなく，二次条件づけによって広範囲に広がっているはずです）。嫌なことは嫌ではあるものの，なんとか曝露できるというレベルから曝露をスタートし，「自分はできる！やれる！」という感覚を養いながら，少しずつ難易度を上げていき，時間をかけて本丸を攻めていくわけです。

　図3-3は，治療のイメージをまとめたものです。我々は，レスポンデント条件づけの原理によって，様々な刺激にネガティブな感情を感じるようになる可能性があります。その刺激に対する曝露がある程度あれば，ネガティブ感情は低減し，その刺激を回避する必要もなくなります。これならば，社会生活は障害されません。しかし，ネガティブな感情を喚起する刺激を回避すると，曝露が起こらないため，その刺激に対するネガティブ感情はレスポンデント消去されず，嫌なままです。嫌なままだからこそさら

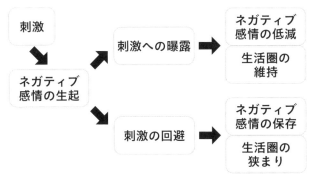

図3-3　刺激への曝露と回避の差異

❷学生のレポートではよく曝露法ではなく「暴露法」と書かれています。皆さんにはそんなに暴露するべき秘密があるのか？と，毎回笑ってしまいます。

に回避を続けていくと，生活圏が狭まっていきます。これが，病気になるかならないかの違いというわけです。

　レスポンデント条件づけの原理の際にも説明したように，レスポンデント消去をしたとしても，我々は学習の成立前の状態に戻るわけではありません。消去後にしばらく経つと，学習した反応が元に戻る自動回復が起こることがあるということは説明した通りです。これはつまるところ，一度治療して良くなったとしても，病状がぶり返す可能性があることを意味しています。ですから，こうした病気に「完治」というものはありません（というか，そもそも不安も恐怖もまったく感じなくなっては困るもので，適正な範囲内で感じる必要があるわけです）。こうした原理原則によって自分の感情・行動が制御されていることを理解し，仮に一時的に不安や恐怖が高まることがあったとしても，なんとか自分自身でそれに折り合いをつけて社会生活を続けていくこと，このような態度と技術の修得こそが治療のゴールということになります。

❖ 体験的理解

　それでは，実際に自分で曝露法を体験し，どのような変化が自分に起こるのか，観察してみましょう。頭で理論的に理解することと同じくらい，身体で（実感として）理解することも大事です。

　まず，自分がやりたくないこと，嫌いなものなど，ネガティブな感情を喚起する物事について思いつくままに書き出してみましょう。どのようなことでもいいです。例えば，トイレの便器の中に手を入れることとか，ジェットコースターに乗ることとか，何でもいいです。人によってどのようなことがリスト化されるかは，まったく違うはずです。

　次に，書き出した事項について，どれくらいやるのが嫌か，0〜100で点数をつけてみましょう。0点はリストには挙げてみたけど，よくよく考えてみればやってみても全然大丈夫，100点は，改めて考えてみても死んでもやりたくない，といった感じです。正確な点数が必要というわけではないので，ざっくりと10点刻みくらいで採点して下さい。100点満点と言われたけど，考えてみると120点くらいな気がするという場合もあるかもしれませんが，それはそれでOKです。大事なことは，おおよその順序がつ

くことです。

　全ての項目に点数をつけたら，それを順番に並び替えて下さい。点数の高い順に並べてもいいですし，低い順に並べてもOKです。そして，どのラインが，今の自分がギリギリやってもいいなと思える曝露か，ということを考えてみて下さい。絶対にやりたくないものを無理にやる必要はもちろんありません。嫌な度合いが物凄く低いものをやってもそれはそれで変化がなく，やっても驚きや発見がないので，ある程度嫌で，でもまぁこれくらいならやれるかもというものを選びましょう。もしかすると，自分一人では難しくても，誰かが一緒にやってくれるならできるかも，というものもあるかもしれません。一緒にやってもらえそうであれば，それはそれでかまいません。

　ターゲットとなる行動が決まったら，実際にやる準備をしましょう。効果を実感するためには時間が必要な場合があります。短くとも1時間くらいは曝露する余裕を持っておいて下さい。場合によってはもう少しかかることもあるかもしれません。そして，時間を計れるもの（スマホアプリで十分です），記録用紙と筆記用具を準備します。記録用紙には，**図3-4**のよ

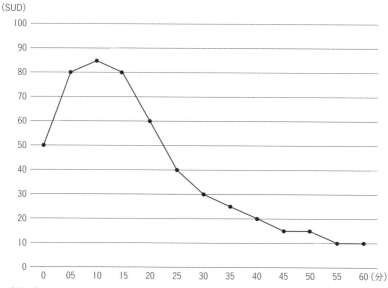

※　SUD: Subjective Units of Distress

図3-4　曝露法実施時の記録のつけ方の例

うなグラフを書いていきます。縦軸にSUD (*Subjective Units of Distress*：主観的な辛さ, *0〜100*), 横軸に時間をとります。グラフでは5分ごとに主観的な嫌度を数値化したものを書いていますが、何分おきに計測しなければならないという絶対的な決まりはありません。

　もちろん個人差もありますし、何に対して曝露するのかによって違いは大きいですが、このグラフのように、主観的に嫌だなと感じる程度は一時的に上昇し、その後徐々に低下していくはずです。概ね横ばいになって、確かに嫌なことは嫌かもしれないが、やってみれば案外耐えられるとか、やってみると嫌な度合いも徐々に減っていく、ということが確認できたら終わりにしてけっこうです。もちろん、これを一度やれば物事の感じ方が180度変わるという話ではなく、このような試行を繰り返すうちに、徐々にSUDの始点が下がり、最高点が下がり、短時間で下がるようになっていきます。繰り返しの中で、少しずつ気になる度合いが減っていき、いずれは多少気になったとしても、社会生活上は問題ないというレベルに落ち着くはずです。そして、そのような自己コントロールがつくようになることこそが、治療のゴールということになります（繰り返しますが、症状がまったく全てきれいさっぱり消えてなくなるとか、もう二度とそのような状態にならないといったことが目指されるべきポイントではありません）。

❖ おわりに

　今回はレスポンデント条件づけを扱いました。この原理で説明できる精神障害は主に不安感に関連した精神障害ということになります（**強迫性障害**や**PTSD**なども今回の範囲で説明しやすい領域です）。しかし、我々の心理（あるいは行動）は全てがこの原理で説明できるわけではありません。むしろ、我々が一般的にイメージするところの行動（自発的行動）はレスポンデント条件づけではなく、次講の範囲であるオペラント条件づけによって説明できるものになります。

□問1 **基礎** 行動療法における心理観（心とは何か），レスポンデント条件づけの原理，レスポンデント条件づけで説明できる精神障害や不適応の種類（病理論），その治療／支援方法（治療論），について説明しなさい。

□問2 **応用** 無条件刺激（生得的に強い反応をもたらすような刺激）になりうる「刺激」とはどのようなものだろうか？　なぜ，生得的に強い反応をもたらすのだろうか？　人間の進化という観点から説明しなさい。

コラム❷ 学ぶってどういうこと？②

　何が言いたいのかというと，学習をするとは「世界の見え方が変わる」ということなのです。大事なことなので繰り返しますが，**学習をするとは世界の見え方が，ものの見え方が変わる**ということです。今まで見えていなかったものが見えるようになるということです（オカルト的な意味ではなく）。よくわからない山の斜面が，城に見えるようになるということです。

　大学で開講されている講義というのはどれも非常に専門的なもので，しっかりと身につけることで，世界の見え方が変わります。心理学を学べば，同じ人間を見ていても／同じ話を聞いたとしても，その人間に対する理解のあり方が変わります。逆に言えば，そうでなければ，学習が進んだとは言えません。

　皆さんが卒業するのに必要な単位数を考えれば，全ての講義でこのような世界の見え方を体験することができるほど深く学ぶことは難しいでしょう。しかし，半期の間に一つか二つはそういう講義があっていいはずです。皆さんは，そういう講義に出会うことができているでしょうか？　なお，出会うためには，自分がその講義にしっかりとコミットすることが最低条件になります。待っていれば（惰性で講義を履修していれば）出会えるわけではありません。

第4講

行動療法2：：オペラント条件づけ

本講は**行動療法**の話の続きになります。行動療法を構成する重要な法則には、レスポンデント条件づけ、オペラント条件づけ、社会的学習理論（モデリング）の三つがありますが、今回はその中でも**オペラント条件づけ**について扱います。なお、心理学史における行動療法の位置づけは前講で説明をした通りですので、その点については繰り返しません。

≋ネコ、ラット、ハト

前講のパヴロフの犬に引き続き、動物のオンパレードですが、行動主義において確立された法則のスタート地点は、動物実験です。当たり前のことですが、人間を使うよりも動物を使った方が条件を統制しやすく、実験がしやすいためです。また、倫理的問題も発生しづらいという利点があります。

オペラント条件づけの原理は、1890年代にソーンダイク（*Edward Thorndike, 1874-1949年*）によって始められ、**スキナー**（*Burrhus Frederic Skinner, 1904-1990年*）によって完成されたものです。パヴロフが「刺激—反応（**S−R**）（*Stimulus-Response*）」の関係形成に着目したのに対し、ソーンダイクは、行動の結果がもたらす効果（**R−R**（*Response-Reinforce*））に着目した点が異なりました。つまり、レスポンデント条件づけは、主に刺激によって生じ方がコントロールされる行動の話だったのに対して、オペラント条件づけで扱う行動は、結果により生じ方がコントロールされる行動ということです。

有名な**ソーンダイクの問題箱**の実験では、ソーンダイクは空腹のネコを問題箱という仕掛け箱に入れ、箱の外に置かれたエサにありつくために仕掛けを操作しなくてはならないという状況を設定しました。当然、ネコは、はじめは無闇に暴れるなどの無駄な反応（＝自発行動）をするわけですが、暴れていると、ある時、偶発的に出口の掛け金に足が触れ、出口が開いて箱から逃げることができます。そして、エサにありつくことができた、という話です。そして、ネコを箱に入れることを繰り返していると、次第に、ネコはすぐに掛け金に触れるようになっていきます。つまり、箱から出るための行動を学習したというわけです。

問題は、なぜこのような行動の変容／学習が生じたのかということです。ソーンダイクは、行動の結果として満足がもたらされたことが（空腹

の時にエサにありつけたら，さぞかし満足でしょう），ネコの行動の変化を
もたらしたと考えました。つまり，ある特定の行動（この場合，問題箱を
開けるための行動）はその行動の直後の環境の変化（エサにありつける＝
満足）によって影響を受け，満足につながる行動は学習されていく（だか
ら，ネコの行動が変化した）ということです。

　先ほど，これはスキナーによって完成されたと言ったのですが…。ソー
ンダイクのこの話にどこかおかしなところを感じたでしょうか？　ちょっ
と考えてみて下さい。

　行動主義は，心を客観的／科学的に検討するために行動に着目したので
した。しかし，ネコが満足したなどということはどうやったらわかるので
しょうか？　満足のような主観的な心の状態を研究の文脈に持ち込むと，
困ったことになります。なぜなら，ネコが満足したかどうかは我々にはわ
からないからです（もしかすると，ネコにはわかる可能性はありますが，
それを我々が知る術は現状ありません）。スキナーは，ソーンダイクが「満
足」のような観察不可能な主観的事象を行動変化の要因としたことを批判
し（満足の結果として行動が増加するのではなく，行動の増加という変化
を我々は満足と呼んでいるわけです），もう少しこの状況を丁寧に整理し
ました。これが「完成した」と書いたことの意味です。

　スキナーは，当然R－R(Response-Reinforce)の関係に着目しているわけですが，
刺激に応じて発生する行動と，その後の環境変化との関係性についてより

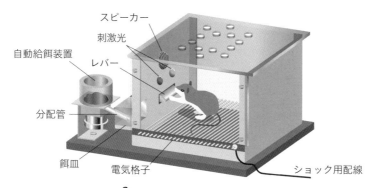

図4-1　スキナー箱の図解❶

精緻に／包括的に検討しました。その実験は，やはり，主にラットやハトといった動物を使って行われました。**図4-1**は，その様子を示しています。

≋ オペラント条件づけ（心とは何か）

　図4-2はスキナーがまとめたオペラント条件づけの内容を端的に示したものです。ごく簡単に言えば，我々の行動は，その後の環境の変化の4つのパターンに応じてコントロールされていると言えます。

　4つのうちの左上は，ある特定の行動をした後に好子が出現する状況です（**好子の出現**）。このパターンでは，行動の頻度・強度・持続時間は増加します。好子は場合によっては強化子とも呼ばれます。ソーンダイクの話でいうところの満足に該当するわけですが，「満足」は目に見えないものですし，決まっているわけではありません。好子が出現すると書くと，あるもの／ことが好子か否かが決まっているかのようですが，この考えは誤りです。あるもの／ことが好子か否かは，その後に反応が増加するのか否かを観察することによって，事後的にわかります。例えば，ある食事を食べて，同じ状況でまたその食事を選択する人がいたとすれば，それはその食事が好子であり，好子の出現によってまた同じ行動が生じたと考えられるということです。

刺激内容	出現	消失
好子 （強化子） （快）	好子出現による強化 ＝正の強化 （反応の増加）	好子消失による弱化 ＝負の弱化 （反応の減少）
嫌子 （罰子） （不快）	嫌子出現による弱化 ＝正の弱化 （反応の減少）	嫌子消失による強化 ＝負の強化 （反応の増加）

　図4-2　オペラント条件づけの概要

右上は**好子の消失**です。ある特定の行動をした後に好子が消失する場合，行動の頻度・強度・持続時間は減少します。例えば，スピード違反で罰金をした後にアクセルを踏み込まなくなったドライバーなどがこの例に該当します。

　左下は**嫌子の出現**です。ある特定の行動をした後に嫌子が出現する場合，行動の頻度・強度・持続時間は減少します。嫌子についても，好子と同様，それが事前に嫌子であることがわかっているわけではありません。観察をして，行動が減っていることで初めてそれが嫌子であることがわかるわけです。例えば，部活でミスをし，監督から怒られた後に同様のプレーをしなくなった場合などがこの例に該当します。

　右下は**嫌子の消失**です。ある特定の行動をした後に嫌子が消失する場合，行動の頻度・強度・持続時間は増加します。例えば，コーヒーの臭いが充満する部屋に入った人が，部屋に入るなり換気をするような行動を繰り返していれば，コーヒーの臭いが嫌子であり，それが消失するという環境の変化が行動を維持していることがわかります。

　我々の行動は主にこのような4つの環境の変化によって発生したり，あるいはしなかったりするというルールに縛られています。ただし，5つ目として，行動の後に何も起こらない（環境が変化しない）場合を挙げておきます。この場合，その行動は消失していきます。これを**オペラント消去**と呼びます。ただし，消失する直前にその行動が一時的に増加します。これを**バースト**と呼びます。

　これだけだとわからないと思いますので，具体例を挙げましょう。皆さんは，自動販売機のボタンを押したのに，買おうとした飲み物が出てこなかったという経験はないでしょうか。我々が自販機のボタンを押す行動は，自発的な行動であり，オペラント条件づけによって制御されています。ボタンを押すという行動の後に，飲み物が出現するという環境の変化（好子の出現）があるので，こうした行動を我々は学習します。しかし，その後に，お金を入れてボタンを押しても，飲み物が出てこなかったら何が起こるでしょうか？　この状況は行動の後に何も起こらないパターンですから，行動は消去されます。つまり，皆さんは，いずれボタンを押さなくなります。しかし，おそらく皆さんは諦める前に自然と，自販機のそのボタンを連打しているはずです（「あれ，壊れてるのかな？　今まではちゃんと

動いてたのに」とか言いながら）。この連打こそが，バースト（オペラント消去の前の行動の一時的増強）です。後は身近な例では，閉まらないエレベーターの「閉」ボタンの連打も経験があると思いますが，これはその人の性格が悪いとか，せっかちということではなく，バーストという現象だと理解できます。

≋ オペラント条件づけの特徴

　オペラント条件づけの原理にはいくつかの特徴があります。

　第一は，何が好子／嫌子になるかについての決定についてです。既に説明したように，あるもの／ことが好子なのか嫌子なのかは事前にわかるわけではなく，事後的にしかわかりません。つまり，ある特定の行動の後に何かが出現していて，その行動が消えずに維持されていたり，増えていたりすれば，その何かが好子としての機能を持っていることがわかるということです。ただし，個人個人によって何が好子（あるいは嫌子）になるのかはランダムに決まるわけではなく，ある程度の傾向があります。例えば，ヒトの基本的欲求（食欲，睡眠欲，排泄欲，性欲etc）を満たすようなもの／ことは，ほとんどの場合，好子となります。これらは，**一次性好子**とか**無条件性好子**などと呼ばれます。そして，一次性好子への接近を促すものは**般性好子**と呼ばれ，やはり好子としての機能を持つ可能性が高いです。例えば，お金／貨幣は般性好子の代表例です。お金が好きでない人はめったにいないでしょう？

　問題となるのは**条件性好子**と呼ばれるもので，これは過去の学習によって好子としての機能を獲得したものです。そのため，人によって何が条件性好子となるかは大きく異なります（例：ほとんどの人は他人から鞭で打たれるのは嫌で，そのような場所には近づかなくなるはずですが，一部の人は，喜んで女王様に鞭で打たれに行きます）。例えば，イルカショーでよく見られるホイッスルは条件性好子と言えます。イルカが特定の芸をするとホイッスルを吹くわけですが，なぜこれでイルカの行動がコントロールできるのでしょうか。それは，過去にホイッスルを鳴らしてエサを与えるという対提示を行ってきたため（エサという一次性好子との対提示を繰り返して），ホイッスルの音がエサと同等の機能を獲得したからです。鞭で打

たれた後に性欲が満たされる（一次性好子の出現）ということが繰り返されれば，当然，鞭で打たれることそのものが条件性好子となるわけです。

第二は，**強化スケジュール**の問題です。例えば，行動の後に好子が出現するといっても，毎回毎回出現する場合もあれば（連続強化），そうでない場合もあります（部分強化）。また，毎回毎回ではないといっても，どのようなパターンで好子が出現するかはかなり多様です（これを強化スケジュールと言いますが，この問題には深入りしません）。一般的に，連続強化されていた行動は消去しやすく，部分強化の行動はそれより消去しにくいことがわかっています。例えば，10回連続馬券が当たっていた人（連続強化）が1度馬券を外したらやらなくなることはありそうですが，だいたい5回に1回しか馬券が当たらない人は，何度か外したところで馬券を買うのをやめないでしょう。

第三は，**確立操作**についてです（確立操作は establishing operation なので，「確率」操作ではありません）。確立操作とは，事前の準備によって，好子や嫌子の**強化価**（行動を変容させる力の強さ）を変えることです。例えば，砂漠を3時間彷徨った人にとってのペットボトルの水500 mLと，今このテキストを読んでいる皆さんにとってのペットボトルの水500 mLは，どちらが好子としての機能が強くなりそうでしょうか。当然，前者です（これは遮断化と言い，確立操作の代表的な手続きの一つです）。このように，事前に操作を加えることによって，好子や嫌子の強化価は変えることができます。

第四は，**即時性**についてです。これまでに散々，行動の後に好子が出現するなどと書いていますが，この「後」とはどれくらい後のことでしょうか。実際，行動に影響を与えるためには，原則として長くとも60秒以内（できれば数秒以内）に環境の変化が起こる必要があります。好子・嫌子の出現・消失という環境の変化は即時的であればあるほど，より強力に行動に影響を与えます。逆に言えば，それ以上遅くなると「体験を通じた」学習は成立しなくなります。例えば，イルカショーでは，イルカが一つ一つの芸をするたびに飼育員がイルカを呼び寄せて，小魚（一次性好子）を与えています。これは，即時性の問題があるからです。もし，全てのショーが終わってから（長ければ数十分はかかるでしょうか），「お前たち，今日はよくやったなー」とか言いながら（言っても通じませんが），イルカに魚

を与えても，意味がありません。これでは，芸（水中からジャンプして釣り下げている輪をくぐる）が維持・強化されることは，ありません。

この即時性の問題は，言語が使える種族（例：ヒト）においては，言語によって乗り越えることが可能です。言語によって記述された環境の変化は，体験と類似の影響を人に与えます。例えば，殺人（行動）をすると逮捕される（その後の環境の変化：自由な時間の消失＝好子の消失）というルールは，実際に殺人をして逮捕された時と類似の効果を持ちます。法律が意味を持つのは，このような理由です。少し難しい言葉を使いますが，この例のように，行動随伴性を記録した言語刺激によってコントロールされる行動を**ルール支配行動**と呼びます。

即時性の問題を考えると，人間の行動の多くは，オペラント条件づけ（即時的な体験）によって直接的に制御されているというよりは，言語ルールによって（ルール支配行動として）制御されていると言えそうです。例えば，皆さんがレポートを提出する場合を考えてみましょう。期末レポートの提出の結果として単位が得られる（かもしれない）という言語ルールを皆さんが持っているから，皆さんはレポートを提出するわけです。なぜなら，レポートを提出した60秒以内に単位は出ないのですから（単位が出るのが確認できるのは数か月後ですね），これは直接的な体験によって制御されているわけではないということです（もちろん，そうではなくて，やらなければならないという義務感＝嫌子が消失する，という体験によってコントロールされている人もいるかもしれませんが）。

≋ 病気／不適応とは何か

ここまでで，オペラント条件づけのメカニズムや特徴の話は一通り終わりです。それでは，これが，人間の精神障害やその治療とどう関わってくるのでしょうか。この部分についての基本的な考え方はレスポンデント条件づけの時と同じです。つまり，**病的／不適応的な行動は正常な学習メカニズムによって学習したものであり，学習の結果，その頻度・強度・持続時間が正常の範囲から逸脱している状態こそを，我々は病気とか不適応と呼ぶ**と考えるということです。

具体例を挙げてみます。例えば，強迫性障害で手洗いの仕方がひどい人

がいたとしましょう。この場合は，手洗いの頻度が多すぎる（例：トイレや外出の後に手洗いをするのは「正常」なことですが，1日に100回手を洗うのは多すぎます），強度が強すぎる（例：ハンドソープを数プッシュ使うのは「正常」なことですが，数十プッシュ使うのは多すぎます），持続時間が長すぎる（例：1回の手洗いが1分くらいまでならば「正常」でしょうが，10分以上洗っているのは長すぎます），といった具合で考えるわけです。あるいは，病気ではなく不適応状態の代表例である不登校についても，学校に行く頻度が少なすぎる（例：週に5回の頻度で発生すべきですが，週に0〜1回しか発生しないのであれば，少なすぎます），持続時間が短すぎる（例：1時間目から授業終了時刻までいることが期待されていますが，その間滞在できないのであれば，持続時間が短すぎます），といった具合です。

≋ 治療とは何か

　「病気とは何か」という話が終わりましたので，では，それをどうすれば治療できるのか？という話に入っていきます。大事なことなので何度も繰り返していますが，行動療法において，病気は学習原理が過度に機能した結果，その行動（反応）の頻度・強度・持続時間がおかしなことになり，社会生活を送るのが困難になったと考えるのでした。その行動がレスポンデント行動であれば，レスポンデント条件づけの原理に則って考えますし，オペラント行動であれば，オペラント条件づけの原理に則って考えます。病気や不適応状態では，オペラント行動の頻度・強度・持続時間の範囲が過度になっているわけですから，それを適切な範囲になるように環境調整を行うことが，治療ということになります。

　行動の頻度・強度・持続時間の範囲を調整するためにはどうすれば良いでしょうか。その手順は概ね表4-1（次ページ）のようになります。以下，順を追って説明をしていきます。

①ターゲット行動の先行要因と随伴性を明らかにする（機能分析＝ABC分析）

　図4-3は，ギャンブル依存に関する**機能分析／ABC分析**です。これが，問題行動がなぜ維持されているのか（ダメだと思っていることをなぜ繰り返しやってしまうのか）について考える際の基本的な枠組みです。Aは

表4-1 オペラント条件づけを用いた行動変容の手続きの概要

① ターゲット行動の先行要因と随伴性を明らかにする(機能分析＝ABC分析)

② ターゲット行動の先行要因を調整する(確立操作・刺激統制)

③ ターゲット行動に随伴する強化を撤去する(消去)

④ ターゲット行動に代わる適切な行動(代替行動)を吟味し行動取得を計画する(課題分析)

⑤ 代替行動が発生しやすい状況を作る(刺激・強化の提供)

⑥ 問題解決に向けた動機づけを高め, 維持する

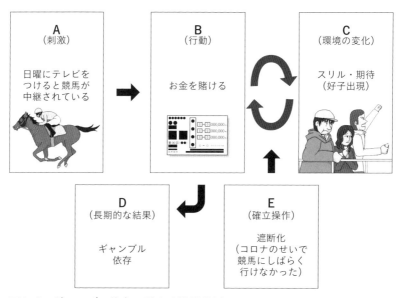

図4-3 ギャンブル依存に関する機能分析

ターゲット行動(変えたい行動)を誘発する刺激, Bはターゲット行動, Cはその後の環境の変化です。

　我々が問題だ/ダメだと思っているのにやってしまう行動の後には, 好子が出現したり, 嫌子が消失するといった環境の変化が生じています。良いことが起きたり, 嫌なことがなくなったりしているというわけです。そういう時には, 頭ではこんなことを続けていてはダメだと思っていても, 行動としてはやめられません。その昔, カルビーのかっぱえびせんのCMコピーに「やめられない, とまらない」とありましたが, まさにそういう

感じです。これ以上食べたら太るからダメだと頭では思っていても、食べると美味しい（直後に好子が出現する）ので、その行動が維持されて、食べ続けてしまうわけです。

　行動の直後に短期的な好子の出現／嫌子の消失があると、その行動はダメだと思っていてもやめられません。そして、短期的に良いことの積み重ねが、長期的な問題につながっていく時に、我々はそれを不適応状態と認識するようです。短期的にみれば美味しいかっぱえびせんも、食べ続けると長期的には太っていき、糖尿病につながるかもしれません。短期的には興奮して楽しい馬券の購入も、頻度（毎レース購入する）や強度（貯蓄や収入に比して過度な金額を購入する）や持続時間（1日中購入している）がおかしくなれば、それはギャンブル依存状態になっていき、そのうちに破産してしまうかもしれません。

　このように特定の問題行動がなぜ続いているのかを考える際には、まずは機能分析／ABC分析によって問題の構造を把握するのが大事です。

②ターゲット行動の先行要因を調整する（確立操作・刺激統制）

　それでは、この問題行動はどうすれば変えることができるでしょうか。多くの人は人間の行動を変える時に人間の持つ意思に介入することが大事だと思っているようですが、それはまったくもって的外れです（意思とはむしろ、我々の行動を後づけで説明するものだと言えます）。特定の行動（B）を変えるためには、A（刺激）やC（環境の変化）に介入しなければなりません。

　まず、Aについてですが、もしある刺激が特定の行動を引き起こしていることが特定できたのであれば、その刺激を除去することで、問題行動を発生することを防ぐことができます。例えば、日曜日に起床し、何気なくつけたテレビで競馬中継がなされているのを見て、気づくとスマホで馬券を購入している人がいたとすれば、テレビを撤去してしまえば、お金を賭ける行動は発生しないことになります（スマホでもいいですが）。皆さんの中には特定のスマホゲームに熱中している人がいるかもしれませんが、そのゲームのアプリをスマホからアンインストールすれば、ゲーム時間は劇的に減るはずです。

③ターゲット行動に随伴する強化を撤去する（消去）

　次に、Cについてです。本来あった行動の直後の好子の出現がなくなる

と，ある特定の行動をする前後で環境が変わらないということになります。この場合，その行動は緩やかに消えていきます。これを行動療法の用語では消去と言いました。

　これができれば良いのですが，一般に自分では如何ともし難い問題行動については，実際には変えることがなかなか難しいものが多いかもしれません。馬券を買ってしまえば興奮するな／期待するなと言っても無理な話です。また，例えば，抜毛で困っている人は少なくありませんが，毛を抜くという行動をすれば必然的に頭皮に（身体の感覚に）変化が生じ，それが好子となっているのであれば，これは変えようがありません。爪嚙みなんかも同様です。

　最後に，Eに介入することも考えられます。Eとは確立操作（*Establishing Operation*）のことでした。確立操作とは，環境の変化の持つ効果の量（強化価）に変更を加える操作のことです。例えば，水を飲む行為のような生理的欲求を満たすものは好子の出現と言えますが，砂漠を 10 km 歩いた後の水と，1L の水を飲んだ後の水とでは，同じ水でも好子としての強化価がまったく異なります（もちろん，前者の方がより強力な好子となります≒同じ状況になった時にまた同じ行動をする確率が上がります）。上手く強化価を変更する術が見つかれば，それによってターゲット行動を変えることもできます。

④ターゲット行動に代わる適切な行動（代替行動）を吟味し行動取得を計画する（課題分析）

　しかし実際には，問題行動を減らそうにも，刺激を除去することはできず（例：パチンコ屋の看板を見るとパチンコ屋に入りたくなるが，駅前からパチンコ屋の看板を撤去することはできず，その駅は通勤に使うので，パチンコ屋の周囲に行かざるを得ない），行動の後の環境の変化にも介入できない（例：パチンコ台の前に座ったら必然的に興奮してしまう）という場合も少なくありません。その場合には，問題行動を直接的に消去するのではなく，刺激に対する代替行動を学習することで，問題行動の発生を相対的に抑えるという方法が採用されることとなります。人間の時間は有限なので，問題行動とは両立し得ない別の行動を学習し，その行動をしている限りにおいて，問題行動の頻度・強度・持続時間は減少するというわけです。

問題行動とは両立し得ない別の行動とはどういう意味でしょうか。例えば，抜毛の場合（もちろん，人によってやり方は多少異なりますが），抜毛行動を行う際に指と指の間隔を広げ，その後に指と指をくっつけて力を加えて毛をつまむはずです。仮に，抜毛行動を誘発する刺激が提示された際に，指を開くのではなく，手をグーの形に堅く閉じれば，抜毛をしたくとも，毛をつまむことができないので，結果として抜毛行動は発生しないことになります。問題行動と両立し得ない代替行動とはこのような意味です。もちろん，特定の問題行動に対してどのような代替行動を学習するのが良いかはケースバイケースで考える必要があります。

　それでは，代替行動を学習するにはどうすれば良いでしょうか。まずはその代替行動が学習者の行動レパートリーにあるのか（その行動を既にやったことがあるのか／やることができるのか）を確認します。まったくやったことがない未知の行動であれば，新しい行動として学習する必要がありますが，その際に役に立つのが，**社会的学習理論（モデリング）**の考え方です。この点についての詳細は，次講で扱います。ごく簡単に先取りをしておけば，これまでにやったことのない未知の行動を実施させるためには，まずはその行動をやっている様子をなんらかの形で見せないといけない，ということになります。

⑤代替行動が発生しやすい状況を作る（刺激・強化の提供）

　代替行動そのものも，上述の機能分析と同様に刺激・その後の環境の変化・確立操作によって維持されるか消えていくかが決まっていきます。ですので，その代替行動を発生させるような刺激（**プロンプト**）が提供されやすい環境を準備する必要があります。例えば，私であれば，何か（やりたくはないけれども）やらなければならない事案があれば，それをやる刺激としてパソコンの画面の周囲に「○○をやれ」「△△をやれ」と書いた付箋を貼っています。これが刺激となり，やらなければならない行動を発生させます。

　もちろん，発生させても，その代替行動の直後に好子が発生したり，嫌子が消失したりするような環境の変化がなければ，その行動は維持されません。自然と好子が発生したり，嫌子が消失したりするような行動であれば良いですが，自然とそうならない場合には行動が消えていってしまうので，それを防ぐための工夫を環境に施す必要があります。上述の付箋の例

では，「○○をやれ」「△△をやれ」と書いた付箋は私にとっての嫌悪刺激ですから，○○をやったら，その後に付箋を破ってゴミ箱に捨てます（つまり，嫌子の消失です）。自分で出来ないのであれば，もちろん，他者にそのような環境が作り上げられるよう，状況を説明し，何らかのお願いをすることも有効でしょう。

そして，これについても，何が代替行動を強化し，維持していく上で重要なのかはケースバイケースです。付箋は私にとって強い嫌子であり，それを自身の視界から取り除くことで課題達成のための行動が維持されますが，これがあらゆる人にとって有効というわけではありません。なぜなら，何が好子や嫌子として機能するのかという点については（一次性好子は一致するにせよ），人によって随分と異なるからです。私にとっての好子は皆さんにとっての好子とは限らないわけですから，私に有効なやり方が皆さんにとって有効ではないのは当たり前のことです。支援の視点／大きな枠組みそのものは理論により共通したものになりますが，こうした個別の工夫に関してはケースバイケースです。私の感覚ではこの個別の工夫を考えることこそがセラピストの腕の見せどころであり，セラピーの楽しいところだと思います。

⑥問題解決に向けた動機づけを高め，維持する

このような問題行動の変容は，もちろん最初はセラピストが主導的に介入することで達成されていくものです（セラピストが最初から関わらなくて良い問題であれば，相談には来ず，自分で勝手に解決しているはずでしょうから）。しかし，いつまでもセラピストが介入し続けなくては問題が解消しないのであれば，セラピーは終わりません。それは困ります。心理学的支援の方法には色々なものがありますが，クライエント自身がより生きやすい環境を自分で作り，維持できるようになることこそが究極的には目指されるということになります。

もちろん，セラピストが強力に介入して問題行動が消え去ったらセラピーを終えるというのでも良いのですが，その場合，問題が再発したらまたセラピーに来なくてはならなくなります（再発はするものなので，ある程度は仕方ありません）。それよりは，自分で自分のことを理解し（問題行動が維持されて悪循環に陥っていく流れを理解し），セラピストなしでも自分で代替行動を考え，それを維持するための刺激や好子が出現する環境

を用意できるようになれば，それ以上のことはありません。

　そのような問題解決に向けた動機づけはどのようにすれば高めることができるでしょうか。こうした我々の治療的行動に関する動機づけについては，**自己決定理論**の考え方が役に立ちます。これについては，**動機づけ面接**の回に説明をします。こちらについてもごく簡単に先取りをしておけば，新しい行動を行うことを通じて，有能性・関係性・自律性の欲求を満たすようにしていくことで，最初は外発的に動機づけられた行動も，次第に内発的になっていく（習慣化していく／パーソナリティに統合されていく）ことになります。

≋ 体験的理解

　それでは，実際に自分で行動変容の手続きについて体験的に理解してみましょう。皆さん自身の抱える問題行動を具体的に分析し，それを変えていくプランを作成するということです。セラピストになれば当然，クライエントの話を聞きながら，クライエントの問題行動を変えていくことになりますが，ここでは一人二役で，自分の問題を扱ってみましょう。考える時の枠組みは，機能分析（ABC分析）です。

　例えば，私自身の現状の問題行動を例にとると，この課題は以下のような感じになります。

　私自身の問題行動（夜中にカップラーメンを食べる）が維持されるメカニズムは**図4-4**(次ページ)の通りです。新型コロナウィルス感染症対策で大学の授業がオンライン化され，それに対応するための教材を作るという仕事が急遽増えたために起こっている問題です（日中は幼稚園のない子どもが家におり，仕事にならないので，子どもが寝てから仕事をせざるを得ませんでした）。それでは，この機能分析に即して，問題行動を変えるためのプランを考えてみます。

　第一に，A（刺激）に介入することが考えられます。そもそも，自宅の台所に蒙古タンメン中本®のカップラーメンが置かれていなければ，それが視界に入ることもありません。問題行動を誘発する刺激を除去するためには，まず，カップラーメンを家に置かないことが大事です。購入をしないようにすることがベストですが，買ってしまった分については，私の知

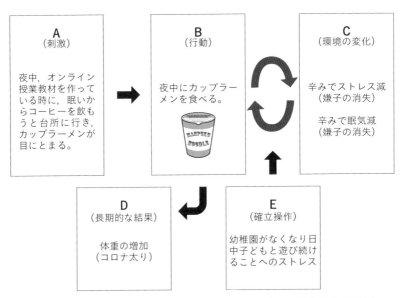

図4-4　著者の問題行動が維持されているメカニズムに関する機能分析

らないところで妻に隠してもらうというのも，刺激を減らすことにつながるかもしれません。カップラーメンを見かけたら隠す依頼のメールを妻に送ります。

　第二に，C（行動後の環境の変化）についてですが，ここには介入の余地はなさそうです。食べたが最後，必ずこのような環境の変化は発生するので，ここは変えようがありません。

　第三に，E（確立操作）についてです。子どもと遊ばなければならないストレスが高まることによって，辛みのストレス除去効果（つまり，強化価）が高まっているように思います。子どもを幼稚園が預かってくれるようになればこの部分は解決します。ただし，この教材を作っている今現在，私の住んでいる地域は緊急事態宣言下にあり，幼稚園はやっていません。そのため，ベビーシッターを雇うことが考えられます（カップラーメンよりも経済的に高くつきそうですが…）。

　このような形で，自分自身の問題行動がどのように維持されており，その行動をどうすれば変えることができるのか，ということを考え，説明してみましょう。

≋ おわりに

　今回はオペラント条件づけを扱いました。この原理で説明できる精神障害や不適応状態は非常に多く，応用範囲も広いものです。ただし，この原理で説明できる行動は，既に行動レパートリーにある行動であり，まったくやったことのない行動は説明ができませんでした。そのため，問題行動を低減するために新しい行動を学習する方法については，別の原理を適用する必要があります。これが次回の課題です。

✓ 理解度チェック課題

- □問1 **基礎** 行動療法における心理観（心とは何か），オペラント条件づけの原理，オペラント条件づけで説明できる精神障害や不適応の種類（病理論），その治療／支援方法（治療論），について説明しなさい。

- □問2 **基礎** ルール支配行動とは何か，ルールがどのように書き換えられるのかについて説明をしなさい。

- □問3 **応用** 一般的に，激辛料理に強い人は，食事中にあまり水を飲まない。これはなぜだろうか？　二つの条件づけの原理から説明しなさい。

コラム❸ 論理的理解も体験的理解も，どちらも大事

　こういうことを自分で言うのもなんですが，私は割と頭でっかちなタイプで，どんなことでもまずは頭で論理的に理解したいという人間です。そのため，私の行う授業や，この本の内容もどちらかというとそういう特色が出ている（出したくないのですが，滲み出ている）と思います（大学での学生からの評判は，推測ができると思います（笑））。

　さて，それ故に，皆さんには本書の中で出てきた理論や治療方法に関して，頭で理解するだけではなく，体験的に（身体で？）理解することも大事にして欲しいと思っています。曝露法などは，確かに多少危うい部分もあるものの，体験的な理解をするにはとてもやりやすいものだと思います。授業で曝露をするという課題をやってもらうと，たいていはうまく行き，「やる前が一番嫌だったが，やってみたら徐々に嫌な度合は減っていった」といった感想を得られることが多いです。実際の心理支援の場面に現れる人は，もっと問題がこんがらがって強い恐怖や不安を感じることに困っているため，これで何もかもがわかるという話ではないのですが，例えば自分がセラピストになったとして，患者に特定の治療法を勧める時に，どれだけ自分がその治療方法の効果に確信が持てるかは，とても大事な要素になるはずです。治療の効果は第一に研究によって確かめられるべきものですが，セラピストも人間であり，それだけで強い確信が持てるわけではありません。自分の体験的理解は，そういう時にやはり役立つものだと思います。

　これまでの経験上，曝露が失敗する場合（しばらく時間が経っても不安感や嫌悪感が下がらない）というのは，多くの場合，「嫌悪刺激への曝露が継続的になされていない」か「嫌悪刺激への曝露をしている最中に別の嫌悪刺激が発生してしまう」という場合が多いように思います。つまり，「そりゃ失敗するよね（だって，そういう条件に該当しない場合に成功するって説明したじゃん）」というパターンなわけで，理論の適切な理解があれば防げるものが多いように思います。頭での適切な理解と，体験的な理解は，相互に関連し，相補うものであるため，どちらも大事にして欲しいと思っています。

第

5 講

第

行動療法3：社会的学習理論

引き続き，本講は**行動療法**の話の続きになります。行動療法を構成する重要な法則には，レスポンデント条件づけ，オペラント条件づけ，**社会的学習理論（モデリング）**の三つがありますが，今回は最後の社会的学習理論（モデリング）について扱います。

　心理学史における行動療法の位置づけは既に説明をした通りですので，その点については繰り返しません。ただし，行動主義から認知心理学への流れについては，簡単に説明しておきたいと思います。というのは，今回のテーマである**社会的学習理論**は，認知心理学の誕生／移行という潮流の中から出てきた人間の学習行動に関する理論だからです。

　行動主義は，内観法という研究手法を批判し，研究方法の科学性を追及する中で生まれてきた潮流でした。ここまでの講義のように，レスポンデント条件づけでは特に刺激($S, Stimulus$)と反応($R, Response$)の関係が検討され，オペラント条件づけでは，その後の環境の変化($R, Reinforcement$)が行動を制御するための鍵として検討されました。つまり，**S→R→R**（機能分析におけるABC）という形で，行動を理解してきました（**徹底的行動主義**の方向性）。

　これらの法則は当初，動物実験によって確認されてきました。当然，それは人間でも同様のことが生じるのかが確認されましたが（我々が真に知りたいことは，ハトやラットの行動ではなく，人間の心理だからです），動物実験で得られた結果とは一部異なる／説明力の劣る結果となることがあり，S→R→Rという図式のみで人間を理解することには限界があることも意識されてきました。

　動物と人間が最も異なる点はどこでしょうか。それはおそらく言語能力の発達の度合いの差異です。人間以外の動物全般の言語能力がどの程度なのかということについて厳密にわかっているわけではないでしょうが…。人間ほど複雑な言語能力を発達させている動物はそういないでしょう（少なくとも，これまで実験に使われてきたハト・ラット・犬などと人間を比べてみれば，その差は明らかでしょう）。そのため，S→R→RのSとRの間には，単純な関係は成り立たない（刺激に対する言語的解釈が発生する人間においては，刺激に対する反応は一義に定まりづらい）という批判が生まれてきました。

　そのため，認知心理学では，S→R→Rではなく，**S→O→R**（→R）と

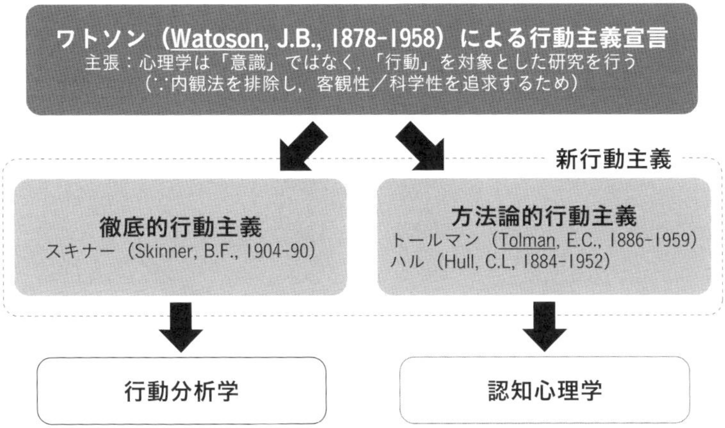

図5-1 行動主義のその後の発展の流れ

いう枠組みから人間を理解しようとします（**図5-1**参照）。OはOrganization
（有機体）であり，要するに人間の認知過程を表しています（ただし，認知
過程は言語だけに限定されるわけではありません）。同じ刺激でも，その受
け取り方が異なれば（Oの部分が違えば），結果として返ってくる反応も
異なる可能性があるということです。人間の行動を説明する要因として認
知過程に注目が集まる中で出てきたのが，本日の話です。

ボボ人形実験

　それでは，**バンデューラ**（*Albert Bandura, 1925年-*）の社会的学習理論の背景に
ある知見の話に進みます。前講までは，実験と言えば，犬・猫・ハト・
ラットなどでしたが，今回紹介する話はようやく人間です。鍵となるのは，
模倣行動に関する実験です。

　これまでの行動主義の中では（S→R→Rの枠組みでは），模倣行動につ
いて，学習者がモデルと同一の行動を実際に遂行し，直接強化を受けるこ
とによって生じると説明されてきました。つまり，模倣行動の直後に好子
が出現する（あるいは，嫌子が消失する）という環境の変化が生じること
によって模倣行動が起こる／維持される，ということです。しかし，バン
デューラは，好子の出現や嫌子の消失といった直接的な強化ではなく，学
習者の認知的機能の役割を重視し，直接的な強化を受けずとも，モデルの

行動をただ観察することで学習が成立する（行動が変容する）ことを示しました。

　この実験で対象となったのは、3～6歳（平均4歳4か月）の男女児各36名（合計72名）です。これらの子どもは遊戯室に連れて来られ（遊戯室にはボボ人形というビニール人形が置いてあります）、以下の3つの条件に振り分けられます（各24名、この条件が独立変数の操作）。

1．何も介入しない群：一人で遊ばせておく
2．攻撃行動を見せられる群：実験開始後1分の時点で一緒にいた大人が、ビニール人形に攻撃行動を加える（罵りながら、殴り始める）
3．非攻撃行動を見せられる群：大人は一緒に遊んでいるが、ビニール人形に攻撃行動を加えることはない

　いずれの群でも10分後に実験担当者が入室し、子ども別の遊戯室に連れていきます。そこは、外から中の様子が観察できるようになっており、子どもの様子をさらに20分間観察します（従属変数の測定）。

　実験の結果、2の攻撃行動を見せられる群では、観察期間の20分の間に、肉体的・言語的暴力行動が多数見られたのに対し（肉体的な暴力行動：男子が平均38.2回、女子が12.7回、言語的な暴力行動：男子が平均17.0回、女子が15.7回）、その他の2群ではこうした行動はほとんど見られませんでした。この結果は、要するに、直接的な強化や弱化がなかったとしても、物事を観察するだけで、我々は他者と同じ行動をする（模倣する）ということを示しています（**モデリング**）。「親の背を見て子は育つ」ということわざの通りです。

　バンデューラはその後、攻撃行動を見せるだけでなく、観察対象となる攻撃行動の後に随伴させるものを変えて、その影響を実験的に検討しました。具体的には、攻撃行動を行ったモデル（観察対象）が攻撃行動後に報酬を与えられる映像を見せる群と、攻撃行動後に罰を与えられる映像を見せる群を作り、子どもの行動が映像視聴後にどのように変化するかを確認しました。その結果、攻撃行動後に報酬を与えられる映像を見た群の子どもは、その後に攻撃行動を生起させる頻度が高くなりました。この現象は、

一般に，**代理強化**と呼ばれています。これはもちろん観察対象となったモデルが観察者本人の代理として強化（攻撃行動後の好子の出現）を受けているということです。観察者本人が攻撃行動をして，直後に好子が出現するといった直接的強化を受けずとも，代理が強化されているのを観察するだけで，直接強化と類似の結果が生じるということです。

この結果は，前講で紹介したルール支配行動の原理と整合的です。ルール支配行動の話の際には，S→R→Rに関する言語的ルール（例：殺人をすれば禁固○○年）を有していれば，直接的強化・弱化を受けたのと類似の効力を発揮するという話をしましたが，代理強化の実験によれば，それは必ずしも言語表象として理解・記憶されている必要はなく，映像表象として記憶されているだけでも，同様の効力を発揮するかもしれない，ということです。

社会的学習理論（心とは何か）

バンデューラが一連の実験をまとめて理論化した社会的学習理論では，人間の行動の生起過程を**図5-2**のようにして整理して考えることができます。まず，新たな行動を起こす際に，我々は，観察対象に注意を向けます。そして，モデルの行動を言語・映像表象として記憶します。これが，物事を習得するということです。自分で行動を起こす際には，そこで記憶した

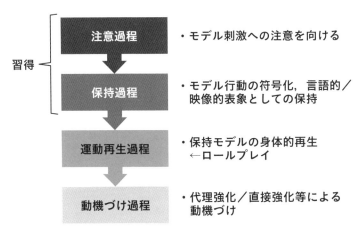

図5-2　模倣行動が生じるまでの流れ

ものを身体運動として再生する必要があります。そのため，実際には，身体が記憶した行動のように動くよう，**ロールプレイ**などを通じて練習を繰り返す必要があります（例：英語の文法を理解していても，口や舌が適切な形に動かなければ，喋ることはできません）。そして，こうした行動を動機づける要因として，代理強化や直接的強化の原理があるということになります。

　このような原理は我々の生活とは無縁のものではありません。社会の様々なところでこの原理が応用され，我々の行動をコントロールしようとしています。具体例を挙げましょう。皆さんも，通信教育の漫画広告を一度くらいは読んだことはあるはずです。中学や高校に進学する頃になると，なぜか自宅のポストに入っているあれです（どこからこの手の個人情報は漏洩していくのでしょうか…）。読んだことがある人ならわかると思うのですが，通信教育の漫画というのはワンパターンです（ワンパターンだとわかるということは，何度も読んでしまっているということですが…）。この手の漫画の主人公は，中学や高校に入ると，環境が変化したこともあり勉強についていけなくなり，部活でも活躍できず，当然のことながら結果として恋愛もうまくいきません。しかし，ふとしたきっかけで通信教育を始めると，勉強が短時間でわかるようになり，それ故に部活で活躍するようになり，恋愛もうまくいくようになる，というパラダイスへと突入することができます。細部は違えど，毎回ワンパターンでこの調子なのですが，それが続いているのは，このワンパターンが効く（これで通信教育を始める人がいる）からです。

　なぜこの手の広告が効くのでしょうか。それは，この漫画広告がきちんと社会的学習理論に整合的に作られているからです。中学や高校に進学し，どうもこれまでと違って勉強がわからなくなってきているという人に，通信教育をやり始めるという行動を漫画で繰り返し見せます（図5-2の注意過程・保持過程）。そして，やり始めると，勉強がわかるようになり，部活で活躍し，恋愛もうまくいくようになります（代理強化）。それ故に，読者の一部は，観察した行動（通信教育を始める）をとるようになるということです❶。

　余談ですが，企業からの同様の広告は，大人になっても終わりません。大人になると，子どもの発達過程に応じて，幼児向け通信教育の漫画広告

が送られてきます。例えば，幼稚園のお友だちはひらがなが読めているのに，我が子はまだひらがなが読めないことに悩む母親が，幼児向け通信教育をママ友から紹介され，それを始めると，子どもがすらすらとひらがなが読めるようになる，という漫画が子どもが3歳になると送られてきます。この漫画の効力の源泉も同様に社会的学習理論に求めることができます。

　バンデューラの実験は子どもだからうまくいったのであって，大人ではうまくいかないのではないか？という質問をよくもらいます。この例からわかるように，程度の差はあるでしょうが，大人も子どもも観察から行動を学ぶこと自体は変わりません。むしろ，観察から学ぶことができない大人になるのはヤバいことですから，皆さんはそうなってはいけません（人生は学習の連続です）。

　観察から強い影響を受ける人がどのような人かということもわかっています。ある行動を観察した時にそれを模倣しやすいのは，モデルと同じような属性を持った人です。つまり，若い女性が特定の行動をしているのをおじさんが見た場合と，同じ若い女性が見た場合とでは，後者の方が模倣行動が発生する確率が高いということです。この法則を知っていれば（たびたび例に出しますが），通信教育の漫画の主人公が最初60点くらいで，それを90点に上げるストーリーが多く，最初が20点のような極端に低い点数ではない理由も理解できるはずです。漫画から影響を受けやすい人は，漫画の主人公と同じような属性を持った人です。つまり，主人公と同じくらい勉強ができない人がターゲットです。そして，一般的に，テストの平均点は，100点満点であれば60点程度に設定されるものであり，20点のような極端に低い点数が平均点になることはほとんどありません。ということは，60点くらいの点数を取る人が一番多いわけですから，主人公の点数をその辺りに設定しておけば，影響を受けやすい人の数を最大化できるというわけです。❷

---

❶ちなみに，学生に聞いたところによると，最近は漫画だけではなく，小冊子で簡易的な教材が入っていることもあるそうです。つまりこれは，リハーサルに該当するものです。適切な広告が作られていると言えます。
❷よく，「心理学を勉強して何の役に立つんですか？」とオープンキャンパスで親御さんから聞かれることがあります。この例からも明らかなように，人間の行動（例：購買行動）に影響を与える方法を学ぶことがビジネスに役立たないはずがないのですが，いかがでしょうか。皆さんが就活でそれを活かせないとすれば，きちんと知識を活用できるレベルまで学習していないからではないかと思うのですが，これは言い過ぎでしょうか。

⁝⁝⁝ 病気／不適応とは何か

　ここまでで，社会的学習理論のメカニズムの話は一通り終わりです。それでは，これが，人間の精神障害やその治療とどう関わってくるのでしょうか。

　社会的学習理論の原理で説明できる病気や不適応は広範囲にわたります。例えば，ある種の精神障害が特定の時代／特定の地域で流行することがあります。このような現象が起こるメカニズムは，社会的学習理論によって説明できると考えられます。フロイトが活躍した際にヨーロッパの上流階級の女性の間で「流行」していたヒステリー，第二次世界大戦後の北米で「流行」していた解離性同一性障害（いわゆる多重人格）などは，特定の時代／特定の地域で流行していた精神障害の代表例です。統合失調症のような時代や地域によって罹患率が一定の病気は，遺伝的・生物学的要因の強さが疑われますが，罹患率に大きな差異が見られる病気は，おそらくその流行の原因の一旦に社会的学習理論が関係しています（そうじゃないと，その流行がなぜその地域・時代にだけ起こったのか，説明できないでしょう）。

　また，精神障害ではなく，不適応行動の流行についても，同様に社会的学習理論の影響下にあるものが多いことは間違いありません。例えば，ある思春期の女子グループの中で自傷行為が流行することについて考えてみましょう。この現象も，観察学習と代理強化の原理によって理解することが可能です。自傷行為は，モデル（この場合，友人）の様子を観察すれば観察者に習得されます。友人が自傷をしている様子を目撃したり，自傷行為をした時の話を聞けば，その友人も自傷行為という新たな行動のレパートリーを習得するということです（あるいは，傷を見せられて，自分で調べるということもあるかもしれませんが）。その友人が，他の友人からの関心を集め，優しくされていたらどうなるでしょうか。それは，代理強化として機能するはずです。そうなれば，観察者が自傷行動をする確率はさらに高まることとなります。

　メディア報道後の後追い／模倣自殺の増加（**ウェルテル効果**）も同様です。WHOの自殺報道のガイドラインを読むと，ウェルテル効果（模倣による後追い自殺の頻発）を防ぐため，自殺方法を詳細に説明することや，

自殺を美化して描き出すことは控えるべきであると書かれています。[3]その理由はバンデューラの実験から明らかです。自殺の方法を詳細に報道してはいけないのは、それによって観察学習が起こるからです。報道によって自殺方法を学習した者は、同様の行動を起こす確率が高まります。自殺を美化したり、自殺によって復讐が達成された、問題が解決されたかのように報道することが問題なのは、代理強化の原理から説明可能です。自殺をした後に報酬が随伴したり、あるいは嫌子が消失したりすることを観察することは、観察者が自殺をする確率を高めるからです。そのため、報道は中立的に行わなければならないとされています。

⋮⋮⋮ 治療とは何か

「病気とは何か」という話が終わりましたので、では、それをどうすれば治療できるのかという話に入っていきます。三度目になりますが、大事なことなので繰り返します。行動療法において**病気（や不適応行動）とは、学習原理が過度に機能した結果、その行動（反応）の頻度・強度・持続時間がおかしなことになり、社会生活を送るのが困難になったものと考える**のでした。そこでの行動の学習原理が、レスポンデント条件づけであろうと、オペラント条件づけの原理であろうと、今回の対象である社会的学習理論であろうと、同じことです。病気や不適応状態では、頻度・強度・持続時間の範囲が過度になっているわけですから、それを適切な範囲になるように環境調整を行うことが、治療ということになります。

行動が多すぎて不適応的になっているのだとすれば（例：週に何度も自傷行為をする）、その行動を減らしていくように調整します。反対に行動が少なすぎて不適応的になっているのだとすれば（例：週に1回しか大学に行かない）、その行動を増やすように調整します。行動を減らす場合には、もちろん不適応的な行動の先行刺激を除去したり、不適応的な行動を強化している環境の変化が生じないよう調整するわけですが、必ずしもいつでもこのようなことができるわけではないので、新しい（より適応的な）行動を学習することを通じて、結果的に不適応的な行動を減らしていくとい

[3]参照 : https://www.mhlw.go.jp/stf/seisakunitsuite/bunya/0000133759.html

う調整をすることもありました。そして，その新しい（より適応的な）行動がクライエントの行動レパートリーにない場合，今回の社会的学習理論を応用して，行動を学習させることになります。

例えば，自傷行為を減らしたいのだとすれば，「自傷行為，ダメ絶対，やらないように約束してね」とだけ言っても意味がありません（むしろ，こういった約束に意味がある理由を理論的に説明できるでしょうか？）。そうではなく，自傷行為の生起の際の刺激になっているもの（おそらくは何らかのストレッサー）を除去し，それができないのであれば，刺激に反応して生じる新しい行動（自傷行為に変わるコーピング行動）を見せて，やらせて，強化して，学習させていく必要があります。これが，行動療法における治療です。

⋮⋮⋮ おわりに

このような学習の原理が厳密に実験的に検証される以前から，どうすれば他者の行動を変えられるのかということについて含蓄のある格言を残している人は多数います。ここでは，真珠湾攻撃時の連合艦隊司令長官であった山本五十六[4]の格言を見てみましょう。

> やってみせ，言って聞かせて，させてみせ，ほめてやらねば，人は動かじ
> 話し合い，耳を傾け，承認し，任せてやらねば，人は育たず
> やっている，姿を感謝で見守って，信頼せねば，人は実らず

やってみせ，言って聞かせて（観察，習得），させてみせ（ロールプレイ），ほめてやらねば（強化），人は動かじ，ですから，見事に社会的学習理論の通りのことを言っています。旧海軍のトップにいた山本には非常に多くの部下がいたはずですが，彼らの行動を変える試みの中から出てきた言葉なのでしょう。ちなみに，二句目の内容は今後やる動機づけ面接の内

[4]山本五十六は1943年には戦死していますが，この時バンデューラは18歳です。

容と整合的です。この話はまた後ほど解説します（第8講，p.129）。

　今回は社会的学習理論を扱いました。授業をしていると，特に大学生からは，バイト先で新しく入ってきた人にどう仕事を教えていいのか困る，といったコメントが書いてあることが多いのですが，その際にも社会的学習理論は使うことができます。行動療法の考えでは，**病的行動（と我々が考えるもの）と日常的な行動は地続き**のもので，これらの行動は同一の原理で形成されています。だからこそ，こうした原理は，病気の治療にも使えますし，もっと日常的なより広範な行動を対象として使うことができるのです。

✓ 理解度チェック課題

□問1 **基礎** 行動療法における心理観（心とは何か），社会的学習理論の原理，社会的学習理論で説明できる精神障害や不適応の種類（病理論），その治療／支援方法（治療論），について説明しなさい。

□問2 **応用** 社会的学習理論（及び行動療法）の観点から，後追い自殺を予防する方法について提案しなさい。

コラム❹ 「ダメ，絶対！」だけではなぜダメなのか？

禁止薬物の使用のような「問題」行動は，「やってはいけない」と禁止されることが多々あります。「そんなことをやったら親が悲しむからやってはいけない」なんてことを言う人がいますが，こうした言説が効果を発揮することはあまりありません。禁止薬物を使用すると身体や脳がボロボロになるとか，人生破滅するとか，脅しを基礎にした禁止言説も同じです。

薬物の禁止について考えてみましょう。禁止薬物を使用し続けた後にスカスカになる脳の画像を見せれば，それは代理強化（代理弱化？）になるはずですし，「禁止薬物を使用すると身体や脳がボロボロになって人生破滅する」という言説を教え込めば，それは行動随伴性を記した言語刺激ですから，ルール支配行動を引き起こす機能を持つことになります。こうした言説は，禁止薬物を使用していない人には有効です。一方で，薬物を使用している人にはそれほど有効ではありません。というのも，薬物の使用は多くの場合，直接（≠代理）強化を引き起こすような環境の変化をもたらしているからです。例えば，薬物を使用することによって気分が高揚したり，眠気が減って仕事が捗ったり，ストレスが減少したり，といった効果です。こうした直接強化の効果がある以上，代理強化やルール支配だけでは薬物の使用といった行動を消去していくことは難しくなります。直接強化が必要のない環境そのものを作らなければ，いくら言語や視覚表象の刺激で行動を抑えようとしても，十分には機能しません。

むしろ，広告などで「ダメ，絶対！」と声高に主張することは，スティグマを作り出し，問題行動をしている人の孤独を一層深める効果が強くなります。そして，それが刺激となってさらなる薬物の使用を生み出すことにつながります。「ダメ，絶対！」とか「使うな，危険！」と叫ぶだけでは何も問題は解決しません。「ダメ」で「やらなくていいのであればやらない方がいい行動」をやらないようにするためには，より丁寧な個別的関わりが必要になってくるのです。

第 **6** 講

認知療法と認知・行動療法

本講のテーマは**認知療法**と**認知・行動療法**です。第3講の行動療法の講義から始まった「認知・行動療法」に関する講義の最終回ということになります。前回の講義で説明した通り，認知心理学は行動主義の批判的発展として出現しており，つながりも非常に深いものがあります。認知心理学の発展と並行して出てきた**認知療法**が本講のテーマの一つです。ただし，認知療法の発展に最も大きな寄与をした**ベック**(*Aaron Beck, 1921年-*)は精神科医であり，認知心理学的な枠組みを取り入れているものの，認知心理学の研究知見をもとに認知療法を構築したわけではありません（これが，その後の認知療法への批判と，**マインドフルネス**への着目といった方向性への発展につながっていきます）。現在では，**第三世代の認知・行動療法**という言葉も聞くようになってきましたが，行動療法が認知療法の出現後に認知・行動療法となり，第三世代の認知・行動療法と言われる心理療法が出現してくるまでの流れを理解するのが（**図6-1**），本講の目的です。

　ちなみに，第三世代の認知・行動療法と言いましたが，第一世代はもちろん行動療法です。行動療法の歴史が一番古いわけです。そして，次に，認知療法が出現します。これが1960年代の話です。そして，行動療法と認知療法は次第に類似点への着目が高まり，認知・行動療法と呼ばれるようになっていきます。最後に，行動療法や認知療法を批判的に乗り越えていくために，弁証法的行動療法(*Dialectical Behavior Therapy, DBT*)，アクセプタンス＆コミットメント・セラピー(*Acceptance and commitment therapy, ACT*)，マインドフルネ

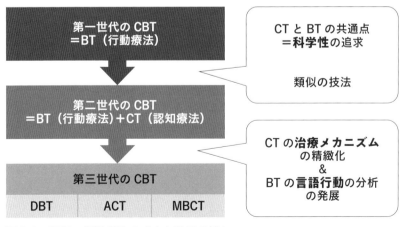

図6-1　認知・行動療法の成立と発展の流れ

ス認知療法（*Mindfulness- Based Cognitive Therapy, MBCT*）といった心理療法が出現します（他にもありますが）。これらが，第三世代の認知・行動療法と呼ばれるものです。

❖ 認知療法発展の下地 ── ベックの紹介

　こうして臨床心理学の概論の講義を受けている今から過去を見ると，様々な心理療法があるように見えると思いますが，実際，昔のことを考えてみるとそんなことはないわけです。当たり前のことですが，本日のテーマの一つである認知療法が開発される前には認知療法は存在しないわけですが，こうした当たり前の前提を我々は忘れがちです。

　認知療法の礎を築いたベックは，子どもの頃に敗血症を発症したことをきっかけに，不潔恐怖や病気恐怖に悩まされたそうです。実際に病気になってしまったわけで，汚いものに触ることでまた病気になるのではないかという不安を過剰に抱くのも無理のないことです。自身でこの不安障害を克服していく過程で，行動療法的技法（曝露法等）が有用だということを身をもって知ったと言われています。ベックが子どもだった当時，既に行動療法は存在しました。

　ベックがアメリカのエール大学を修了し（1946年），精神科医としてのキャリアをスタートさせた時は，今とは違い精神分析全盛の時代です。そのため，当然のごとくベックは精神分析の訓練を受けます。精神分析とはその後決別し，認知療法を提唱していくことになるわけですが，最初は当然精神分析を使って患者の治療を行っていたわけです。精神分析的観点からうつ病の研究を行い（例：診療記録から患者の夢の内容を調べる），その中で，精神分析のロジックを批判し，新しい心理療法を生み出していきます。

　今でこそうつ病への心理療法と言えば認知・行動療法というイメージもあるかもしれませんが，当時は，行動療法によるうつ病の治療はほとんど行われていませんでした。大人のうつ病というのは，精神科の中でも比較的相談件数の多い（つまり，需要が多い）ものですから，当然，有効な治療方法が必要だったわけですが，行動療法はそれを提供できていませんで

した（現在であれば，例えば，**行動活性化療法**などもありますが）。大人の
うつ病は，人間の持つ言語の影響が強い領域の話であり，まだ言語に関す
る行動分析学的研究が十分に発達していなかった当時では，うつ病に対し
てどのように行動主義的なアプローチをすれば良いのかわからなかったと
いうわけです。そのような状況下で，ベックのように自分が学んだ精神分
析に懐疑的になったとすれば…。それは新しい治療を生み出すしかなかっ
たかもしれません（当時の選択肢は精神分析か，行動療法だったわけです
から）。

※ 認知療法の理論（心とは何か，病気／不適応とは何か）

　認知療法では，前講で説明したように，S→R→R（行動療法における機
能分析におけるABC）を発展させたS→O→R（→R）という枠組みで人
間の行動（この場合は，病気や病的行動）を理解します。それを表したの
が，以下の**図6-2**です。

　行動療法と異なるのは，S（刺激）とR（反応）の間にO（有機体による
刺激の解釈）を入れている点です。この図を見ればわかるように，我々が
困るのは，Cの部分です。例えば，抑うつ感が強くて（感情の問題）朝か
ら起きられない（行動の問題）というのは，ここに該当します。Cで問題
が生じるのは，Bの内容次第です。つまり，おそらくは抑うつ感が強いの
は何らかの刺激があるからなわけですが，その刺激の受け取り方／解釈の
仕方によって，Cは変わってきます。ですから，Cを変えるためには，も
ちろんこれまでの行動療法のようにA（刺激）の部分を変えてもいいわけ

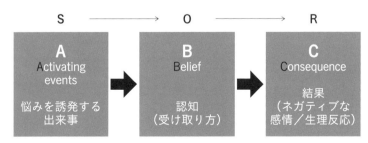

図6-2　認知療法の枠組み（心とは何か）

ですが，B（認知）の部分を変えてもいいことになります。

　例えば，ゼミに出るたびに憂鬱な気分になるという人がいたとしましょう。ゼミに出ていると先日の発表がうまくいかなかったことが思い出される（刺激）というわけです。その発表については，自分がしっかりと準備をしていかなかったので質問にまともに受け答えができなかった（認知），自分はいつもこんな調子でやらなければいけないことを先延ばしするダメな人間だ（認知），などといった考えがゼミに出席するたびに頭に浮かんでくるわけです。こんな状態であれば，ゼミに出ると憂鬱な気分になり（結果），休みたくなるのは当然のことです。これで必修のゼミを休み始めたとすれば，それは不適応的な状態だと言ってもまぁ良いでしょう。

　この状態を変えるためには，例えば，所属するゼミそのものを変えるというような形で刺激を変えてしまうことで対処することも考えられますが，いつでもそれができるわけではありません（この手法が取れるのは年に1回もないでしょう）。Aが変えられないのであれば，Bを変えようと考えるのが，認知療法です。過去の記憶の想起という刺激について，解釈を変え，例えば，「きちんと答えられた質問もあった」とか「きちんと答えられない質問は，質問の内容が頓珍漢だった」とか「そもそも準備ができなかったのは自分がダメだったのではなく，担当教員が課題を出すのが遅すぎて発表までの時間がなかったからだ」とか，まぁ色々な解釈の可能性があります。このように考えていけば，その記憶が想起されたとしても，憂鬱にならないかもしれません（問題は，このような解釈の変更がどのようにして可能になるか，です）。

　なお，認知療法でもABC分析という形で言われるので非常にややこしいのですが，行動療法における機能分析のABCと，認知療法におけるABCは別物で，ずれが生じている点は注意が必要です（英米の人にとってのABCは，我々にとっての「いろは」のようなものですから，よく使われるのは仕方ないのですが）。一応，行動療法のABCと，認知療法のABCを比較した図を書いておきます（**図6-3**）。よく比較して見てみて下さい。

行動療法

| 先行刺激 | ➡ | 行動 | ➡ | 随伴性 |

認知療法

| 先行刺激 | ➡ | 認知 | ➡ | 行動 |

図6-3　行動療法のABCと認知療法のABCの比較

☀治療とは何か

　ここまでの話で心理観と病理論に関する話は終わっていますし，治療の方針についても話がある程度出てしまいました。つまり，病気や不適応的な行動を引き起こすような刺激あるいは認知を変えることによって，これらは変えていくことができるというわけです。問題はどうやってそれをやるのか，という点です。前述の認知療法のABC図式を見ればわかるように，実は認知療法の理論そのものは，認知を変えれば病気が治るということは教えてくれますが，どうすれば認知を変えられるのかということについては，教えてくれません。それでいいのかという気もしますが，図6-2を見る限り，そうとしか読めません。ベック自身は，**クライエントの非適応的な考え方を適応的なものに変えるような経験を治療の場の内外で体験できるようにクライエントを導いていくこと**こそが，認知療法の目標であるといったようなことを言っています。その体験がどのようなものであるべきかについては，ケースバイケースということです。

　なぜ認知が変わるのかということはちょっとおいておきますが，認知療法における治療上の具体的な手続きとして有名な方法に，思考記録表を書くという手法があります（**表6-1**参照）。これは，先ほどのABC図式にのっとって，自分自身の体験を整理することを繰り返していく方法です。例えば，うつ病で困っている人がいたとすれば，憂鬱な気分になった時に，何が刺激となったのか，その刺激によってどのような考えが頭の中に浮かんできたのか，そして，結果としてどうなったのか，ということを書いていきます。これを繰り返していけば，どのような刺激によって自分が憂鬱に

表6-1　思考記録表の記入例

日時	状況	思考	感情・行動
記載例	ゼミ中に教員から叱られた	自分の準備不足が原因である	抑うつ感

なるのか，どういう考え方の癖があるのかが明らかになります。そして，憂鬱な気分を誘発する刺激が除去できないか，憂鬱な気分を誘発する考え方とは別の考え方がないかを自分で（もちろん，セラピストと共に）考え，整理していきます。

　また，実際に不適応的な行動を引き起こす自分の認知の傾向がわかったら，それが正しいのか否か，実験をしていくという手法もよく用いられます。例えば，過去に電車の中でパニック発作を起こしたことをきっかけに，電車に乗るとパニック発作を起こしてしまうかもしれないという予期不安があり，電車に乗れないがために不登校状態になってしまったひきこもりの大学生がいたとしましょう。認知療法の図式に則って考えると，電車という刺激に対して，「電車に乗ったらまたパニックを起こして，自分はそれに対処できないだろう」などと考えることが（認知），電車に乗るという行動を妨げ，ひきこもり状態を引き起こしています（結果）。そこで，「電車に乗ったらまたパニックを起こす」という考えが正しいか否かを実際に実験してみて，それが正しいのか正しくないのを確認するというわけです。実験は簡単です。つまり，電車にとりあえず短い距離でいいから乗ってみるわけです。最初はパニックが起きた時に対処できるよう，誰か同伴者をともなって，各駅停車の列車で一駅だけ乗る実験をしてみて，実際にパニックが起きるかどうかを確認していくわけです。もしそれが上手くいき，一駅程度でパニックが起こらなかったとすれば，それを徐々に伸ばしていき，数駅乗ってみたり，各駅停車ではなく急行に乗ってみるわけです。そのような成功体験を積み重ねることによって，「電車に乗ったらまたパ

ニックを起こす」という考えに変化を加えていきます。

☀ 認知療法と認知・行動療法

　うつ病に対する治療法としてスタートした認知療法は，精力的な効果研究の結果，うつ病のみならず，その他の非常に幅広い精神障害（例：パニック障害・強迫性障害・対人恐怖などの旧不安障害，発達障害，摂食障害，統合失調症の症状（幻覚や妄想），パーソナリティ障害などなど）に対して治療効果があることが実証されていきます。そして，各精神障害について，それぞれどのようなメカニズムで病気が発生するのか，その病気に特有な認知の傾向にはどのようなものがあるのかということが明らかにされていきました。

　認知療法の効果が実証され広く知れ渡るにつれて，行動療法との類似性も指摘されていき，次第に，認知・行動療法とセットで認識されていくことが増えていきました。その理由はいくつかあると思いますが，第一に，認知療法は精力的に効果の研究を行いました。科学的な研究に重きを置く行動療法の態度と，認知療法のこうした方向性は非常に相性の良いものでした。第二に，認知の変容のための方法に，上述の実験のような行動に重きを置く技法が多数用いられたことも，行動療法との類似性となりました。

　この点を具体的に説明するために，既に示した電車でのパニック障害の事例を取り上げてみましょう。認知療法では「電車に乗ったらまたパニックを起こす」という認知が不適応行動を引き起こすと考えました。この状態を行動療法的な観点から整理し直すとどうなるでしょうか。不適応状態は，電車に乗ることを回避する行動が不安の低減という環境の変化（不安≒嫌子の消失）によって支えられていると考えられます。そのため，電車に乗って不安感に曝露することで，次第に不安を低減させていくことが提案されるはずです。もちろん，段階的に曝露を進めていくので，最初は同伴者と一緒に一駅だけ各駅停車の電車に乗るでしょう。そして，次第に距離を伸ばしていくことになります（つまり，段階的により強い予期不安を喚起する刺激に曝露するというわけです）。もちろん，二つの心理療法における効果の発生のメカニズムについての説明の仕方は異なります。しかし，少なくとも行動というレベルで見れば，やっていることはまったく同

じです。認知療法と行動療法の類似性とは，このような意味です。

☀ 認知療法への批判と発展

　認知療法は様々な精神障害への治療の効果が実証され，世界に広まって
いきましたが，発展に応じて，当然批判を受けることにもなりました。そ
の最たるものは，効果のメカニズム（≠効果があるか否か）に関するもの
です。これまでの説明からわかるように，認知療法では，認知が変わるこ
とによって結果である行動・感情・生理反応などが変化することが想定さ
れています。このメカニズムが正しいのだとすれば，当然のことながら，
結果よりも先に認知が変わっていなければならないことになります（原因
が結果に先んじて変化するのは当然のことです）。例えば，うつ病であれ
ば，抑うつ気分が改善するよりも先に，うつ病を引き起こすような認知
（例：未来に関する絶望的なものの見方）が変わっていないといけないこ
とになります。

　もちろん効果が実証されれば，今度はなぜ効くのかということが知りた
くなるものですから，この点についても研究が重ねられました。そして，
それらの研究が示すところによれば，必ずしも認知が行動や感情よりも早
く変化しているとは限らないということが示されたのです。つまり，ベッ
クが示したような「刺激→認知→行動・感情・生理反応」という一方的な
図式は必ずしも正しくない，ということです（むしろ，これらはほとんど
同時に変化しているようでした）。

　なぜこのようなことが起こったのかはこれまでに説明した通りです。こ
の世界では，現場での試行錯誤の結果生まれた技術の効果が先に示され，
「効く！」とわかったものについては，なぜ効くのか（創始者が）後付けで
理屈を建て付けます（創始者は厳密に考えているつもりですが，厳密に考
えることと，それが実証されることは別のことです）。だからこそ，後に
なってから，その建て付けは無理があるんじゃないの？なんか違うんじゃ
ない？という話になるわけです。認知療法も，認知が行動に与える影響の
実験的検討からスタートしたわけではなく，精神分析を乗り越える治療的
試みとしてスタートしているわけです。だからこそ，こういう問題が，効
くことがわかった以後に出てくるわけです（効くか否かを検討する実験

と，なぜ効くのかを検討する実験のあり方は異なるものです）。

　メカニズムが違うことが明らかになるというのは大問題です。なぜならば，その治療方法がとにかく効くことだけは明らかだからです。つまり，ここで効くことはわかっているのに，なぜ効くのかがよくわからないという問題が生じます。この問題を解決するのに着目されたものがメタ認知，脱中心化，**マインドフルネス**といったキーワードになります。

❋ 第三世代の認知・行動療法へ

　認知療法で行われていた治療上の手続きそのもの（例：思考記録表をつける）の効果は明らかであるものの，その作用機序がわからないという問題は，以下のような新しい仮説が作られることで，一応解消されています（こういう書き方をするのは，今後これがまた批判をされて，内容がアップデートされていく可能性があるからです。科学とはそういうものです）。

　図6-4が，第二世代の認知・行動療法（もともとの認知療法）で想定されていた効果のメカニズムと，第三世代の認知・行動療法（その後の展開）で想定している効果のメカニズムを比較したものです。第二世代では，不適応を引き起こすような認知を変えるために思考記録表などを書き，そこで「別の考え方はないだろうか？」と自問自答する中で，新しい考えを作っていくことが大事だとされていました。

　しかし，何度も述べているように，なぜ認知が変わるのかということは説明されていませんでしたし，そもそも，認知が先に変わって，それから感情や行動が変わるわけではないということが示唆されたのでした。このことが意味しているのは，つまり，新しい考え方（認知）を作ることの必要性・重要性はなさそうだということです。そして，むしろ，新しい考え方（認知）を作ることに意味があるのではなく，自分の現状を理解し（**メタ認知**を強化し），悪循環の思考の渦にはまらずにそこから距離をとる（**脱中心化**）ことが効いているのではないか，という考え方に変わってきました。このような心の状態は**マインドフルネス**と呼ばれています。

---

❶どこかで聞いた話のはずです。そうです，第2講の精神分析の中で出てきた，メスメルの動物磁気の話です。とにかく「効く！」ということだけが先に明らかになり，なんで効くのかは厳密にはよくわからない，ということは，この世界ではよく起こることなのです…。

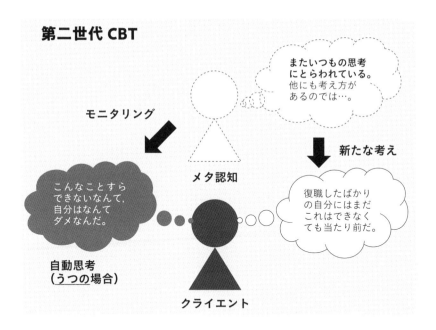

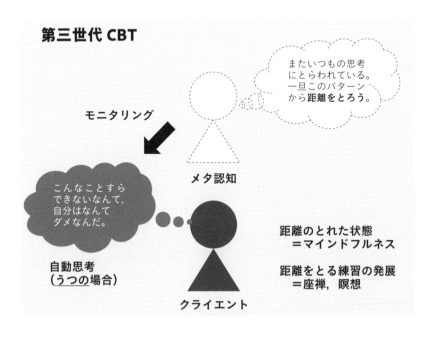

図6-4　第二世代の認知・行動療法と第三世代の認知・行動療法の比較

マインドフルネスなどと言われると新しい概念のような気がしますが，これはもともと，ブッダ（仏教のあのブッダです）が推奨した心のありようであり，ブッダが日常会話で使っていた言葉であるパーリ語のサティという言葉の英訳です。日本語では「気づき」などと訳されることもありますが，要するに悟った状態です。つまり，マインドフルネスとは，元々は仏教用語であり，それが西洋に一度渡り，再度逆輸入された言葉だということです。ちなみに，マインドフルネスが注目されたのは，ジョン・カバット・ジン（*Jon Kabat-Zinn, 1944年-*）が瞑想体験を元に末期がん患者の身体的痛みを取り除くために**マインドフルネス・ストレス低減法**（*Mindfulness-based stress reduction : MBSR*）というプログラムを開発し，その効果が認められてからのことです。

それでは，マインドフルな状態になると，なぜ病気を引き起こすような思考の悪循環に巻き込まれないのでしょうか。気分が落ち込む時のことを考えてみて下さい。「あの時ああすれば良かった」などと考えるのは過去のことを考えています。あるいは，「明日こうなったらどうしよう」などと考える時，我々は未来のことを考えています。つまり，我々が病的な思考の渦に巻き込まれている時には，未来のことや過去のことを考えています。そうならないためには，現在のことに意識を集中すれば良いということになります。もし自分の意識が今だけに集中していれば，未来や過去のことを考えることができず，それ故に悪循環の渦に巻き込まれて何度も何度も嫌な考えを頭の中で巡らせなくて良いことになります。ちなみに，このように，何度も何度も嫌な考えを頭の中で巡らせることを，**反すう**と言います。牛が食べたものを何度も胃から口に戻してくちゃくちゃやるあの反すうと同じで，何度も何度も頭の中で同じようなネガティブなことを考えるということです。

マインドフルな状態を作るための訓練には多様な方法がありますが，その進め方の概要を書いたものが**図6-5**です。意識の焦点を常に今ここに合わせることの練習なわけですが，最初は，事物を観察することから始めます。これが最も簡単です。次に，自らの身体感覚に焦点を合わせる訓練をします。例えば，ヨガなどが取り入れられるのはこのためです。普段はしないような体勢をとることは，身体の感覚に自然と意識を向けやすくなるからだと思われます。最後に，これが一番難しいわけですが，自分の意識

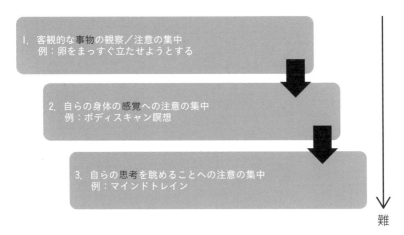

図6-5　マインドフルな状態を作るための訓練の段階

そのものに焦点を合わせ，意識の流れを観察できるように訓練していきます。

　繰り返し「訓練」と書いているのは，実際にそのような感じがするからです。心理療法と言うと，多くても週に1回1時間お話をする，というイメージの人が多いと思います。この間隔は場合によってはもっと長くなり，隔週1回1時間とか，月1回1時間という場合もあると思います。しかし，マインドフルな状態を作る訓練は全然違います。例えば，前述のMBSRは「毎日」1時間×8週間というプログラムです（もともと，末期がんの入院患者用ということもありますが）。毎日1時間やるわけですから，これはもう，生活習慣そのものを変えなければ成り立たないわけです。だから通常の心理療法のイメージではなく「訓練」とここでは書いています。

　以上のような批判・発展の歴史の中で元々の認知療法の「刺激→認知→結果」という図式は修正され，現在では**図6-6**のように，認知と感情と行動は双方向的に影響を与え合っていると理解されるようになってきています。このことは，認知・行動療法の幅を広げました。仮に，認知が原因で行動や感情が変わるのだとすれば，必ず認知を変える介入をしなければなりません。一方，もしこれらの要因が双方向的に影響を与え合っているのであれば，どこか変えやすそうなところを変えれば（それは往々にして行動なわけですが），悪循環の流れそのものが変わると考えられるからです。

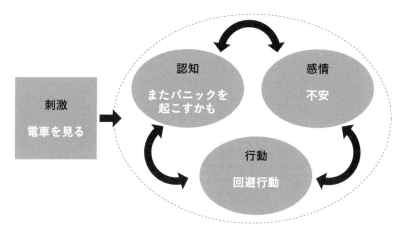

図6-6　認知・行動療法のイメージ(例：電車に関するパニック障害の場合)

☀体験的理解

　それでは，実際に自分で認知変容の手続きを行い，この心理療法について体験的に理解してみましょう(**図6-7**)。自分がどのような状況で心理的困難を感じるのか，その構造を把握するのがこのワークの狙いです。もちろん，ここでは，刺激(ストレッサー)とその後の認知・感情・行動・身体反応(生理的反応)に分けて理解していきます。思考記録表(表6-1)では，「刺激→認知→結果」でしたが，それがアップデートされたことに合わせて，図6-7ではこのような形を使っています。下は私なりにこの図を埋めたものです。

　おそらくですが，行動が最もモニタリングしやすいので，最初に書くと良いでしょう。難しいのは，感情と認知を切り分けることで，最初はここがごちゃまぜになるかもしれません。感情は短い言葉で言いきれるもので(例：イライラ，不安，恐怖)，認知は文章のようになると思います(内容は，おそらくネガティブなことでしょう)。身体反応は，刺激によって引き起こされる生理現象で，例えば，耳がキーンとするとか，動悸が激しくなるとか，そういうことです。

　自分自身の体験を振り返りながら，悪循環の構造を観察すると，どのような効果があるでしょうか。是非，自分でやってみて下さい(やってみた結果として，こういうのが合うという人もいれば，合わないという人もい

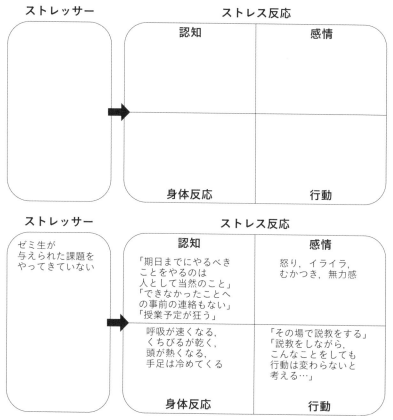

図6-7　認知療法の実践のイメージ

るでしょう）。

　やってみれば実感できると思いますが，こうした作業は案外難しいものです。というのも，自分がストレスを感じた時に，何がストレッサーになっており，どのようなストレス反応が生じているのか，ということをまじまじと観察することは，当然のことながら楽しくないので，普通はあまりやらないからです。長期にわたって自分にふりかかってくる課題であれば，なおのこと，考えないでしょう（目を向けるのが，あまりに辛いからです）。これは認知療法を基礎とした課題ではありますが，おそらくこのような状況をフロイトであれば無意識への抑圧と呼ぶでしょうし，無意識（前意識）下にある自分の状況を理解しようと眺めることこそが，自我の強化につながっているのだと言うことでしょう。

つまり，認知療法と精神分析は，おそらくその本質の部分で，とても似たような部分があるだろうということです（とか言うと，色々な人から怒られそうな気もしますが…）。精神分析では，自由連想という形で無意識にせまったわけですが，そのような方法をとらず，自分が本来であれば無視したい（無意識に抑圧したい）ストレッサー・ストレス反応を眺めようと考えることも，おそらくは無意識における自我（認知療法的には，自動思考の同定と言うかもしれませんが）の理解につながるはずです。

　今回は認知療法と認知・行動療法の発展を扱いました。行動療法からスタートした4回分の内容で，とりあえず現代における主流の心理療法である認知・行動療法の解説は一通りできたと思います。次回からは少し話が変わっていき，人間性心理学を基礎とした話になります。

☑ 理解度チェック課題

□ **問1** **基礎** 認知療法における心理観（心とは何か），認知療法で説明できる精神障害や不適応の種類（病理論），その治療／支援方法（治療論），について説明しなさい。

□ **問2** **基礎** 初期の認知療法への批判とマインドフルネスへの着目の関係について説明しなさい。

□ **問3** **応用** 認知療法と精神分析の類似点と相違点について説明しなさい。

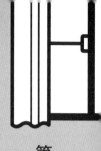

第 **7** 講　クライエント中心療法

　本講のテーマは**クライエント（来談者）中心療法**です。次講は動機づけ面接について扱いますが，動機づけ面接はクライエント中心療法の発展形の一つですので，今回と次回とでセットと思って下さい。

　図1-2（p.014）を見て，クライエント中心療法の位置づけを確認して下さい。クライエント中心療法の背景にあるのは，**人間性心理学**（ヒューマニスティック心理学）という心理学の考え方です。人間性心理学は，図の通り，先行世代にあたる精神分析や行動主義心理学を批判する形で派生しました。人間性心理学は，これまでの心理学が人間のネガティブな側面や病的な側面に焦点をあててきたことを批判しました。確かに，ネガティブなものの方が人間の注意を引くものですから，最初の研究がネガティブな側面からスタートしたことは仕方のないことだったかもしれません。とはいえ，ネガティブな側面だけではなく，人間のよりポジティブな側面（例：自己実現，創造性，愛，希望）に注意を払うことによって，研究はより一層進展するだろうというわけです。代表的な心理学者としては，今回扱うクライエント中心療法のロジャーズ（*Carl Rogers, 1902-1987年*）や，マズロー（*Abraham Harold Maslow, 1908-1970年*）などが挙げられます。マズローの欲求階層説なんかは，おそらく他の授業や高校の授業で聞いたことがあると思います。

　人間性心理学という言葉そのものは，少し退潮気味かもしれません。しかし，現代では**ポジティブ心理学**にその思想的潮流は概ね引き継がれています。もちろん，ポジティブ心理学の創始に大きな役割を果たしたセリグマン（*Martin, Seligman, 1942年-*）からすれば「いやいや，全然違うよ」という感じかもしれませんが（確かに，昔の人間性心理学に比べて，ポジティブ心理学と呼ばれるものの実証性は明らかに向上したでしょうが），人間のポジティブな側面に光をあてる研究の重要性を説いているという点において，ポジティブ心理学は人間性心理学の後継者と言って良い存在だと思います。

≋ カール・ロジャーズ

　クライエント中心療法の創始者はロジャーズです。前回の認知療法のベックと同様，ロジャーズも精神分析を学ぶところからスタートし，それと決別して新しい心理療法の理論を唱えるという流れです。精神分析がいかに偉大なものであったのかは，こうした点からも伺い知ることができま

す。ロジャーズの功績はもちろん，クライエント中心療法を提唱し，普及させたことにあるのですが，その功績はそれだけにとどまりません。例えば，この講義の中でも普通に使っていますが，「**カウンセリング**」とか「**クライエント**」という言葉を使用し始め，普及させたのは，ロジャーズの功績です。

　もともと，精神分析や行動療法では，「治療（*Therapy*）」とか「患者（*patient*）」という言葉が使われていました。それをわざわざ「カウンセリング」とか「クライエント」という新しい言葉に置き換えたわけです。もちろん，言葉には意味が宿っています。わざわざ新しい言葉にしたということにはそこに（ロジャーズなりの）意味が込められているわけですが，それはどのようなものでしょうか。

　「治療（*Therapy*）」「患者（*patient*）」と「カウンセリング」「クライエント」の違いを概念化したものが**図7-1**です。治療者と患者との間には明確な力関係／上下関係があります。それは，治療者が専門的な知識を有しており，治療の方向性を見通すことができるからです。クライエント中心療法では（というよりは，カウンセリングとかクライエントという言葉を使う人の意識では），そうではありません。カウンセラーとクライエントの間には明確な力関係／上下関係がありません。なぜならば，治療の方向性を（困って相談に来たその人がどうなればいいのかということを）知っているのはクライエントその人だという意識があるからです。このような困って相談に来た人へのポジティブな人間観（信頼とでも言うべきでしょうか？）は，人間のポジティブさに焦点をあてる人間性心理学を背景に持っているから

精神分析，行動療法（セラピー）

治療者　　　　　患者

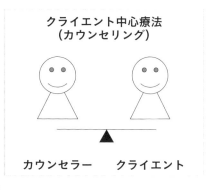

クライエント中心療法（カウンセリング）

カウンセラー　　クライエント

図7-1　患者とクライエントの比較

こそと言うべきでしょう。

　これはロジャーズだけに限った話ではありませんが（例えばフロイトも同様ですが），長きにわたって活躍した学者の考え方は少しずつ変わっていきます。ですので，ロジャーズの心理療法的アプローチも実際には，少しずつ変わっています。もともと，初期のロジャーズのアプローチは，**非指示的療法**と言われていました。これは，「指示的＝精神分析・行動療法」ではないという意味です。前述の「治療（*Therapy*）」「患者（*patient*）」と「カウンセリング」「クライエント」の違いに通じるネーミングです。その後，「非指示的」という名称の一人歩きを嫌い，より本質的な名称であるとしてクライエント中心療法（*Client-centered approach*）という名称を用いるようになります。

　その後，ロジャーズの関心は次第に，1対1での個人心理療法から**エンカウンター・グループ**（見知らぬ人が出会い，一定時間を共に過ごし，それぞれの思いや問題を話し合う中で，人間的な深い交流が起こり，個々人の心理的成長が促進される）へ移行していきます。これがなぜかはわかりませんが…。おそらくは，ウィスコンシン・プロジェクトというクライエント中心療法による統合失調症の治療プログラムの成果が芳しくなかったことが影響しているのではないかと思います。つまり，クライエント中心療法の考え方は，「the精神病」とでも呼ぶべき統合失調症に効かなかったことから，あまり病理の重い者へ適用するよりも，より健康的な人の成長や自己実現にこそ役立つと思うようになっていったのではないか？ということです（違うかもしれません）。この頃のアプローチは，**パーソン・センタード・アプローチ**（*Person-Centered Approach*, PCAと呼ばれることもあります）と称されるようになります。クライエント（困って相談に来た人）だけではなくパーソン（人間なら誰でも）に対して適用できるという意味に拡張したわけですから，随分大きく出たな，という気もします。

　上記のように，ロジャーズのアプローチの名称には変化がありますが，ここでは基本的に1対1の個人心理療法を念頭において話をしていますので，クライエント中心療法という用語で統一しながら話を進めていきたいと思います。

≋ 心とは何か，病気／不適応とは何か

　それではクライエント中心療法の考え方の大枠について確認していきます。最初は，「心とは何か」です。クライエント中心療法では，我々は**自己概念**を有しているとされます。自己概念とは，もちろん，自分とはこういうものであるという意識のことです。自己概念は実際にこれこれこういうことが起きたという**経験**から作られるわけですが，我々は，実際に発生し意識した経験の全てを自己概念に取り入れるわけではありません。そのため，自己概念と経験が一致する部分ももちろんありますが，そうではない部分も作られます。**図7-2**は，そのような我々の心の状態を示しています。

　自己概念には取り入れられていない経験は，自己概念と矛盾するために意識することが拒否されている部分です。これって聞いたことないでしょうか？　おそらく精神分析であれば，無意識の中に抑圧されたものと呼ぶと思います。理論というものはつながっており，先行世代はこのように有形・無形に後代に影響を与えています。

　そして，人間は，基本的に自分の自己概念を自己の経験とよりいっそう一致させるように再構成する力を持っています。このあたりは，やはりポジティブな人間観です。この仮説は治療方法について説明をする時に非常に大事になってきますので，覚えておいて下さい。

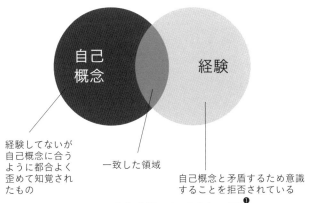

経験してないが
自己概念に合う
ように都合よく
歪めて知覚され
たもの

一致した領域

自己概念と矛盾するため意識
することを拒否されている

図7-2　クライエント中心療法における心の仮説[1]

[1]以下の文献を参考に筆者作成；村瀬孝雄・村瀬嘉代子編（2004）『ロジャーズ：クライエント中心療法の現在』日本評論社

クライエント中心療法における不適応の考え方は簡単です。不適応とは，自己概念と経験が一致しなくなった（一致する部分が少なくなった）状態のことを指しています（反対に言えば，自己概念と経験が一致していれば適応できているということです）。考えてみれば当たり前ですが，「自分は天才だ」という自己概念を持っている学生が，返ってきた成績表を見てそこに不可が何個もついていれば，病んでしまうかもしれません。一方，「自分はダメだ」という自己概念を持っている学生が不可がたくさんついた成績表を見ても，まぁそんなものかと思うでしょう。

≋ 治療とは何か

　「不適応とは何か」という話まで終わりましたので，では，それをどうすれば良くできるのか？という話に入っていきます。クライエント中心療法における治療の枠組みを示したのが**図7-3**です。

　そもそもクライエント中心療法における不適応とは，自己概念と経験の不一致でした。ということは，自己概念と経験を一致させてやれば適応的な状態になる（治療になる）ということです。問題は，ではどうすれば自己概念と経験は一致していくのかということになります。

　これもまた，クライエント中心療法の人間観ですが，人間はそもそも自己概念と経験を一致させていくような傾向を持っています。つまり，勝手に良くなる力があるということです（ポジティブ！）。ですから，このような傾向を促進させてやればいいわけで，その方法が，特定の関係性の中にクライエントを入れることだというのが，図7-3が示していることです。特定の関係性で包み込んであげれば，クライエントは勝手に自己概念と経験を一致させてどんどん良くなっていきます。具体的には，自己概念に合わない経験が徐々に意識化されることで自己概念が変化し，自己概念と経験が一致する領域が増えていくということです。カウンセリングとは，特定の関係性と呼ばれる関係性をカウンセラーとクライエントの間で作り，提供することでクライエントの適応を高めていく試みなのです。

　問題は，ではその特定の関係性とは何ぞやということです。ロジャーズは，「**治療によるパーソナリティ変容の必要・十分条件**」という非常に有名な論文の中で，この特定の関係性がどのようなものかについて言及してい

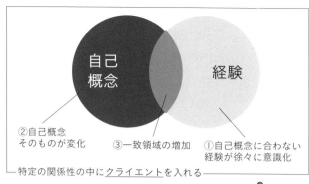

図7-3 クライエント中心療法における治療論❷

ます。これらはまとめて，ロジャーズの6条件とか，重要な部分をとって
3条件とか言われます。

1. 2人の人間が心理的な接触を持っている
2. 第1の人（クライエント）は不一致の状態にあり，傷つきやすく不安
   な状態にある
3. 第2の人（カウンセラー）は**自己一致**している（第一条件）
4. カウンセラーがクライエントに対して，**無条件の積極的関心**を有し
   ている（第二条件）
5. カウンセラーはクライエントの内的枠組みについての**共感的理解**を
   経験しており，この経験をクライエントに伝達するように努めてい
   る（第三条件）
6. カウンセラーの共感的理解と無条件の積極的関心をクライエントに
   伝達するということが最小限達成される

　大事なのはやはり三つの条件，カウンセラーの自己一致，無条件の積極
的関心，共感的理解，です。第一に，カウンセラーはクライエントよりも
自己一致している必要があります。つまり，カウンセラーの方がより適応
的である必要があるというわけです（というよりも，2人の人間が心理的
接触を持った際に，より自己一致している方がカウンセラーとして機能で
きるということだと思います）。第二は，無条件の積極的関心です。無条件

❷以下の文献を参考に筆者作成；村瀬孝雄・村瀬嘉代子編（2004）『ロジャーズ：クライエント中心療法の現
　在』日本評論社

ですから，クライエントがたとえどのような状態にあったとしても，クライエントに対して積極的な関心を持つ必要があります。授業での課題をやってこなかった学生に積極的な関心を持たない教員がいたとすれば，それは無条件ではないというわけです。第三に，共感的理解です。これがなかなかやっかいというか，曲者です。

　共感が大事と授業で説明をすると，『じゃあもしクライエントが「人を殺したい，してもいいですか？」と聞いてきたら，どうするんですか？　それでも共感をするんですか？』などという質問がよくくるのですがこれは共感が何を意味しているのかを理解できていないことからくる質問の代表例です。共感とは，単に相手の言っていることを肯定して，「はいはい，そうだね」と言うこととはまったく異なります。

　図7-4は「共感」に関する誤解を示したものです。上図は，皆さんがパッとイメージするところの共感です。同調とでも言いましょうか…。共感というのは，「わかる，わかるー」と言いながら話を聞くことではありません。多くの人は，相談者が辛い（辛かった）出来事について語るのを聞き，自分の価値判断からそれが確かに辛そうだと思った時，「わかる，わかるー」「あるよねー」と同調します。この時の「わかる」は，相談をされた側が自分の価値判断からそれが確かに辛いことがわかるという意味ですが，ロジャーズが求めた共感はそういう意味ではありません。

　ここで言う共感とは，下図のように，相談をされた側の視点から世界を眺めるのではなく，相談をしている側の視点から世界を眺めるように相談をされている側が努めていくことです。相談者の体験を追体験するということです。ですから，自分の価値観から眺めて「わかる」ではなく，相談者の目から世界を見て，「なるほどそれは確かに大変だ」と感じ，そしてそれが理解できたことを伝達することが大事なのです。それが共感の意味です。先ほどの殺人願望の例で言えば，「殺したいです」と言われたのであれば，その相手を殺したい程憎んでいるその感情がどのようにして生まれ・維持されているのか，クライエントの内的枠組みからそれを理解し，確かにそんなことがあれば殺したい気持ちにもなるということに共感し，それを伝えていくことが大事なのです。決してただ単純に「そうですね，殺してもいいですよ」と言うことが共感ではありません。

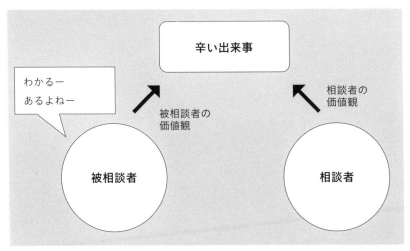

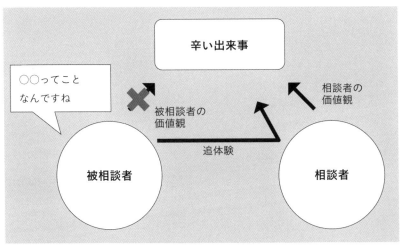

※上：ダメなパターン（同調？），下：良いパターン（共感）

図7-4　共感的理解のイメージ

〜 治療の特徴

　ここまででクライエント中心療法における治療が理解できたと思います
が，それでは，この治療にはどのような特徴があるでしょうか。注目すべ
きはやはり，「治療によるパーソナリティ変容の必要・十分条件」で，これ
はよくよく吟味してみるとけっこうすごいことを言っています。

　第一に，この条件はある種のクライエントに適用されるものであり，他

の種類のクライエントの変化をもたらすためには他の条件が必要であるということは述べられていません。つまり，この条件は，あらゆる種類の精神障害の治療に効く（あらゆる種類の精神障害は自己概念と経験の不一致として説明できる）と言っているわけです。実際，既に説明したように，ロジャーズはウィスコンシン・プロジェクトで統合失調症の治療をも試みています（結果として，治療そのものが成功したとは言い難いですが）。このような態度は，クライエント中心療法におけるアセスメント（クライエントの抱えている問題の原因に関する仮説を作ること）の軽視につながっていると思います。仮説通り，あらゆる種類の精神障害に効くのであれば，クライエントがどんな状態でも関係がないわけで，だからこそアセスメントは必要ないということになります。ある意味で論理一貫していて清々しい態度ではありますが，もちろん，それでいいのかという問題は残ります。

　第二に，カウンセラーには，専門的知識（心理学・精神医学etc）が要求される，ということも述べられていません。この条件には専門的知識は含まれておらず，自己一致，無条件の積極的関心，共感ができればいいわけです。ですから，当然，専門的な教育が必要ということにもなりません。巷には公認心理師や臨床心理士のような専門的な資格を持っていなくても，勝手に○○カウンセラーなどと名乗っている人がいますが，あれはある意味で「正しいカウンセラー」ということになります（きちんとこの条件が満たされていれば，ですが）。もちろん，それでいいのかという問題は残ります。

　第三に，カウンセリングは特殊な種類の人間関係であり，日常生活に起こってくる他の全ての人間関係と違った種類のものであるということも述べられていません。つまり，この条件は，カウンセリング場面のみならず，日常における建設的な人間関係形成の本質というわけです。このような態度は，エンカウンター・グループ（*Person Centered Approach*）の試みを正当化します。なぜならば，そこで出会った人にこのような条件が満たされている人がいれば，その出会いが自己実現につながっていくと考えられるからです。

　以上見てきたように（特に，第一と第二の特徴についてですが），クライエント中心療法の思想・理論は今から見るとけっこう「とんでも」なことを言っています。前述の，アメリカ・ウィスコンシンにある精神病院に入院していた統合失調症患者32名の治療を行ったウィスコンシン・プロ

ジェクトでは，統制群と介入群において，セラピー前後の変化の有意差は検出されませんでした。また，「治療によるパーソナリティ変容の必要・十分条件」が治療関係内で明確に現れるほどクライエントの変化のプロセスが促進されるはずという仮説についても，実証されませんでした。

　そのため，現在では，クライエント中心療法的アプローチはそれ単体で精神障害の治療に用いられることはまずありません。それほど深刻には障害されていない人を対象とした場合に適切かつ効果的と評価されています。例えば，皆さんにおなじみのスクールカウンセリングも，病気の治療をするわけではありません。スクールカウンセラーのところに相談に来た学生が明らかに精神障害を呈していたとしたら，カウンセラーはまず病院を紹介しようとするはずです。

≋ 体験的理解

　共感的に相談者の内的枠組みを理解したことを伝達するためには，**反射**や**明確化**といったコミュニケーション技法が使われます。反射とは，クライエントの語った発言をその気持ちの流れに沿うように繰り返すことです。悪く言えばオウム返しです。明確化とは，クライエントが来談者の語った内容を要約し，語りの要点を明確化することです。発話の中で明確には語られておらず，しかしこういうことが言いたいのだろうと推測できる内容を掘り出していくわけです。こういう対話を繰り返していくことで，共感は達成され，共感したことが伝達されていきます。

　これだけ言われても，それがどのような意味を持つのかということはわかりづらいと思うのですが…。カウンセリングはだいたい1回につき50〜60分程度あります。それだけの長さの会話を全て反射や明確化で行うというのは，並大抵のことではありません。試しに，皆さんも誰かとの会話の中でやってみて下さい（日常会話でやったら，5分で明らかにおかしな雰囲気になり，そのまま続けると友達をなくすでしょうが…。友達から折よく悩みを打ち明けられた時には，やってみても良いかもしれません）。それだけこうした会話を続けるのは日常とは異なることなのですが，やはり，実際にやっている様子を見ると理解が深まると思います。

　例えば，佐治守夫先生が実際に面接をしている場面が収められている映

像資料（「治療的面接の実際：Ｔさんとの面接」日本・精神技術研究所，2008年）などを見てみましょう。ちなみに，佐治先生が50分ほど面接している様子を見ると，反射や明確化とは明らかに違う発言は，私が数える限り4つか5つくらいです（50分間会話をしていて！）。「ガチ」のクライエント中心療法では，それくらい理論に忠実に対話を行うのだということが（その迫力が），よくわかると思います。「カウンセラー≒なんとなく優しくお話を聞いてくれる人」というイメージは，間違いなくクライエント中心療法が作り出したものですが，そのような対話を続けることには大変な訓練が必要になります（やってみればわかりますが，絶対に「余計なこと」を言いたくなります。我々はそのように会話するように訓練されていませんので）。

≋ おわりに

　一つひとつの心理療法の理論を見ていくと，それぞれがまったく異なるもののように見えるかもしれません。もちろん，各理論は先行世代を批判し，それをより良いものにしようと試行錯誤した結果生まれてきたものですから，それぞれの理論の立場に立つ人は，「いやいや，これは○○療法とは全然違いますよ」と言うでしょう。しかし，何かを理解する時に，その独自性について理解することと同じくらい，類似性や関連について理解することは大事です。フロイトもロジャーズもベックも同じことを言っていたとしたら，逆にそれは凄く大事なことだとは思いませんか？　例えば，ベックはクライエントの認知を変えるためには，変わるに値するような経験をセラピーの内外でするよう導いていくことが大事と言っています。つまり，体験の重要性を指摘しているわけです。これは，精神分析でいうところの転移神経症の形成と徹底操作とどこか似ているとは思いませんか？

　それでは，行動療法とクライエント中心療法の関連について考えてみましょう。「無条件の積極的関心」や「共感」は，行動療法の観点から考えた時にクライエントに何を引き起こしそうでしょうか？　他者から積極的な関心を持たれることや共感されることは，ほとんどの人にとって好子となるはずです。それが，無条件にどんな行動をしても，カウンセリングに来れば出現するわけです。そこで起こることは，「生きて存在すること＝私で

あること（自尊心）の強化」「クライエントのあらゆる行動の強化（活動水準の高まり）」「治療者への接近行動の強化（治療の継続）」といったことになると考えられます。このような観点から見ても，クライエント中心療法の考え方が，技法以前に，治療者の基礎的態度としていかに重要かということが理解できると思います。だからこそ，クライエント中心療法は現代において，あらゆるセラピーの下地として必要なもの（治療技法を適用する以前に，治療関係を作っていく際の本質）と評価されています。

☑ **理解度チェック課題**

□問1 **基礎** クライエント中心療法における心理観（心とは何か），クライエント中心療法で説明できる精神障害や不適応の種類（病理論），その治療／支援方法（治療論），について説明しなさい。

□問2 **応用** 本文では行動療法から見たクライエント中心療法について述べたが，それでは，クライエント中心療法と精神分析の相違点及び類似点はどのようなものだろうか。説明しなさい。

コラム❺ 反論をしたい！

　公認心理師のカリキュラムには「心理演習」という科目があります。この科目は「心理支援に関する具体的な場面を想定したロールプレイを行い，事例検討を行う」ことを目的とした応用的な科目です。そのため，おそらくどの大学も，４年間のカリキュラムの後半に置いていると思います。

　私が所属する大学では，この科目も私が担当しているのですが，そこでは，カウンセリングなどのロールプレイを行う手前の作業として，自殺を考えている人がネット上に書き込んでいる相談内容を見て，自分だったらどのように返信をするか，クライエント中心療法と次講でやる動機づけ面接の技法と理論を用いて考え，実際に返信を作ってみる，という演習を行うことがあります。自殺を考えている人というのは，たいていの場合，生きることと死ぬこととの間に強い葛藤があり，共感的な応答をすることが対応の基礎となるため，これらの理論を用いて適切な応答を考えるのに適しているからです。

　さて，そうした演習を繰り返してみて気づいたことというのは，受講生はとにかく，相談者に対して論理的に反論をしたがるということです。たいていの場合は，共感をするのが大事だということはわかっているので，返信の一段落目には少し共感めいたことを書きますが，二段落目の冒頭には「しかし」という逆説の接続詞をもってきて，相談者のものの見方を否定し（違う見方もあるということを示しているつもりなだけでしょうが），三段落目には，相談者が抱えている問題に関する解決策を勝手に提示し，こういうことをやってみるのはどうでしょうか，と書きます。こうした返信はどう考えてもクライエント中心療法や動機づけ面接の理論から「適切」とは言い難いものです。

　心理援助をする際に，相談者の状況を論理的に理解することはとても大事なことです。しかし，必ずしも人間は論理に基づいて行動するわけではありませんから（というよりは，論理的に行動することの方が少ないのでは？），葛藤を抱えた人が，難しい道を歩み始めようとする時に，論理で説得すればなんとかなると考えることは，現実を否認しています。論理ではなく感情を大事にしていくことが結果として大事であることは，多くの研究が論理的に示すところです。

ポジティブ心理学

ポジティブ心理学とは文字通り，人間のポジティブな側面に焦点をあてることを重視した心理学であり，既に説明したように，現代における人間性心理学の後継者です（つまり，クライエント中心療法の親戚です）。ポジティブ心理学の父・創設者と言われるセリグマン（*Martin E. P. Seligman, 1942年-*）は，1998年にアメリカ心理学会の会長に就任して以降，この領域を一つの学問領域とするよう精力的に活動してきました。ポジティブ心理学的な知見の積み重ねによって，人間がいかにしてより良い存在になることができるか，幸福感をどうすれば高めることができるのか，という点についての実証性は，人間性心理学の時代に比して，各段に向上しました。

　単にクライエントの困りごとを解消するのみならず，いかにしてクライエントの生活そのものを向上させ，より良い人生を歩むことができるようにするのかを考えることは，おそらく今後のセラピーにおいてより求められることとなっていくと思います。ここでは，ポジティブ心理学の知見の中でも，幸福感に関する研究の概要を紹介します。

幸福感の高め方

　我々はどのような状態にあれば，自分自身の人生に満足し，幸福だと感じることができるのでしょうか。幸福感に影響を与える要因には様々なものがありますが，女性であり，婚姻をしており，外交的で，神経症傾向が低く，楽観的で，雇用やある程度の年収を得ていて，身体的に健康であることは，我々を幸福にしてくれるという研究結果が出ています。[1]

　ただし，性別や年齢が幸福感と関連するからといって，こうした要素は変えられません。我々の性格やものの考え方の傾向・クセを短期間で大きく変えるのもなかなか難しいものです（精神分析のことを思い出しましょう）。もちろん，経済や政治の状況もたいていの人にとってみれば個人の力で変えるようなことができるものではありません。そうなると，我々が幸せに生きていくためにできることは自分自身の行動習慣を見なおすというのが現実的なラインになります。具体的には，他者への感謝の回数を増や

[1] 何が幸福感（主観的人生満足度）を高めるのかという点については，以下の文献を参照してください。前野隆司（2013）『幸せのメカニズム：実践・幸福学入門』講談社，ソニア・リュボミアスキー（2012）『幸せがずっと続く12の行動習慣：自分で変えられる40％に集中しよう』日本実業出版社

し，楽観性を高め，親切な行動を増やしていくということになります。

幸福感を高める習慣１：感謝

　幸福感を高める第一の習慣は，感謝をすることです。一週間を振り返り，感謝をしていることを五つ書き出すという課題は非常に有名な課題ですが，こうした課題を行うと，人生に対する満足度が高まるとともに，風邪などに関する身体症状が減少します。ただ単に感謝をするというだけではなく，感謝をしていることを相手に直接伝えることも，もちろん有効なようです。セリグマンの授業では，お世話になったにも関わらず，これまで十分に感謝を伝えていなかった人を訪問して感謝を伝えるという課題を実施するそうです。この際，感謝を明確に伝えるために，手紙を書いて相手の目の前で読み上げます。英語で三〇〇語程度ですから，日本語だと七〇〇〜八〇〇字，つまり原稿用紙二枚ほどになります。内容は，手紙の内容は，①その人が何をしてくれたか，②自分にどう影響があったのか，③自分が今何をしているのか，ということだそうです。

　こうした知見の効果を実感してみるために，私自身も周囲の人に感謝を伝達し，自身の幸福感がどう変化するのかをモニタリングしたことがあります。結果としては，感謝をし，それを伝達すると私の幸福感／人生満足度は明らかに上昇しました。私の場合は，まず，妻に感謝をしていることを伝えるため，毎週一回感謝のメールを送ることにしました。すると，第一に，自分自身がいかに妻から様々なものを与えられ，多くのことをしてもらっているのかに気づくようになりました。それまでは，「たいして家事もやってくれない」，などと文句ばかり言っていましたが，思っていたよりも妻が多くのことをやっていることに気づくようになりました。また，私が感謝を伝えるようになると，妻も私に対して様々なことで感謝を伝えてくるようになり，夫婦関係が良くなりました。人間は，与えられるとお返しをしたくなる性質がありますが（返報性の原理），感謝をされると，感謝をしたくなり，結果として双方が感謝をし合うようになるため，人間関係が改善するのだと思います。

幸福感を高める習慣2：楽観性

　幸福感を高める第二の習慣は，楽観性を高めることです。代表的な課題に，三つの良いことというワークがあります。これは，毎晩，その日一日でうまくいったことを三つ書き出してみるというものです。さらに，うまくいったことが見つかったら，それぞれ，どうしてうまくいったのかを書き留めていきます。内容は些細なことで良く（例：夫が帰りにアイスを買ってきてくれた），それよりも物理的な記録を残しておくことが大事だということです。こうした行動を繰り返すと，幸福感が高まり，抑うつ感が低くなります。こうした変化がなぜ起こるのかというメカニズムについては，必ずしも明らかになってはいませんが，良いことを書くと幸せになれるのは，ものごとを整理してとらえることができるようになるからと言われています。書くことによってものごとを論理立って考えられるようになり，良いことが起こる道筋を理解してそのような環境を構築できるようになるそうです。また，良いことに意識を集中することにより，過去や現在のことを考えずに済む（マインドフルネスと類似の効果ですが，マインドフルネスの場合，必ずしも良いことだけに意識を集中するわけではないのでそこは異なります）という側面もあるのかもしれません。

　もう一つ，楽観性を高めるための有名な課題に，最高の自分を想像するというものがあります。自分の未来について思いをはせ，何もかもがうまくいき，自分の夢がすべて実現した状況を想像して書き記すという課題です。こうした習慣を作ると，ポジティブな感情が高まり，健康状態も良くなるようです。私自身もしばらくこうした課題をやってみようとしたことがありますが，これについてはすぐに挫折し，やらなくなってしまいました。というのは，最高の自分を想像していると，それとはまったく異なる現状にある自分に気づかされ，惨めに思えてきてしまったからです。一方で，授業でこうした課題を学生と一緒にやっていると，この課題を好んで行う学生がいることも発見しました。こうした学生は，最高の自分，なりたい自分を想像することによって，良い気分になるだけでなく，そのような自分になるために何か行動をしようと動機づけが高まったという報告をしてくれる人が多いように思います。

幸福感を高める習慣３：親切

　幸福感を高める第三の習慣は，親切な行動をすることです。自らのためではなく，他者のためにお金を使ったり，寄付をしたりといったことでもかまいません。また，親切にすることだけではなく，自分の行動を振り返って，自分がどのような親切なことをしたかを思い出してみるという形でも良いようです。他者に親切にし，役に立つことで，自分自身の幸福感は高まります。また，身近な人に親切にすれば，お返しに親切にしてもらうことも増えるはずですし，それによってポジティブな気分になるということもあると思われます。

　親切にすることの欠点は，親切を意図的に行うのはやや難しいということです。親切にするためには目の前に困った人がいなければなりませんし，その人が実際に親切な行動を受け入れてくれる必要もあります。電車の席を譲るという親切行動をするためには，譲られるのに相応しい人が近くにいなければいけませんが，必ずしもいつもそういう人が自分が座った場所の近くにいるとは限りません。さらに，仮にそのような人が近くにおり，勇気を出して声をかけたとしても，その人が譲られた席に座ってくれなければなりません。「次降りますので大丈夫です」と言われてしまえば，拍子抜けしてしまうかもしれません。そうなれば，親切行動は成立しません。親切にすることは幸せになるために大事なことではあるのですが，意図的に実施するのが難しいというのは，やや難しい点です。

　このように考えると，寝る前にその日あった良いことを思い出し，なぜそれが起きたのかを書き出して，良いことが起こったことに感謝をし，可能であれば近いうちのお返しをしようと考え，実行に移すことが幸せへの道かもしれません。ややありきたりで保守的な気もしますが，それこそが人間の心理・行動に関する科学的な実験が示す，幸福／人生に対する満足への近道なのです。

幸福な時間を増やす

　上記のような習慣的行動を新たに作っていくことに加えて（それは当然，条件づけの原理などに沿って行っていくと良いでしょう），これまでに

我々が必然的に行ってきた行動に変化を加えることも重要だと思われます。ごく常識的な考えですが，幸福な時間をもたらす活動の量を増やし，そうではない時間を減らすことができれば，人生そのものへの満足感は高まるはずです。例えば，家事の時間は一般に幸福度の高い時間ではありません。ですから，家事をする時間を減らすような工夫を人生に加えることは，幸福感を高めることにつながります。具体的には，食洗器やロボット掃除機を購入することは，家事の時間を減らすことにつながります。仕事の時間をセーブすることも大事です。もちろん，収入はある程度のレベルまでは幸福感の向上につながりますが，仮にその水準を越える収入があるのであれば，仕事の時間はセーブした方が良いでしょう。通勤時間も同様です。通勤時間は幸福な時間ではありませんから，なるべく短くなるようにすべきです。家の広さが幸福感の向上にそれほど寄与しないことを考慮すれば，もし同じ値段であれば，広さよりも学校や職場への近さを優先して，自宅の場所を選定すべきということになります。そして，そこで減らした分の時間を幸福度の高い活動へと振り向けることができれば，なお良いということになります。具体的にはセックス，社会的交流，休息などといった活動の時間を増やすということになります。

おわりに

　この補講では，幸福感に影響を与える諸要因について，特に行動という側面から取り上げました。セラピーの過程では（仕上げでは？）クライエントの問題をただ単に解消するのみならず，よりポジティビティが高まるような生活を作っていくことが望まれます。今後もますます増えていくであろうポジティブ心理学的知見は，このような治療をより容易にするはずです。

---

❷一般に世帯年収700～800万円程度までは収入と幸福感が正の相関をするなどと言われますが，その時に根拠とされるのは以下の論文です。Kahneman, D., & Deaton, A. (2010). High income improves evaluation of life but not emotional well-being. Proceedings of the National Academy of Sciences, 107, 16489-16493. ちなみに，私の自殺念慮に関する研究でもほぼ同じような結果が出ています。世帯年収が800万円程度になると，それ以上の水準の人と比べても，死にたい気持ちを持つ可能性の低さは変わらないようです。Sueki, H. (2019). Relationship between annual household income and suicidal ideation: A cross-sectional study. Psychology, Health & Medicine, 24, 76-82.

118

❸p.114の注を参照してください。

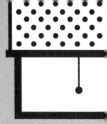

動機づけ面接

本講のテーマは**動機づけ面接**です。動機づけ面接は前講で扱ったクライエント中心療法の発展形の一つであり，今回と前回とでセットとなります。

　動機づけ面接とは，アンビバレントな心理状態を解消するために行動を変容しようというクライエントの内発的動機を高めることを目的としたクライエント中心でありかつ指示的な方法と言われています。もともとは**アルコール依存**への支援経験から開発されたもので，その後，薬物乱用の予防，喫煙等の健康を害する問題に適応が拡張されていきました。つまり，「わかっちゃいるけど，やめられない様々なものへの対策」として発展してきたものです。わかっちゃいるけどやめられないものをやめさせるために（例：アルコールを飲まない），いかにその人の動機づけを高めていけるか，ということです。

　「クライエント中心でありかつ指示的な方法」と書かれていることからわかるように，この面接技法・理論はクライエント中心療法を基礎としたものです。そのため，前回のクライエント中心療法に続ける形でカリキュラムに組み込んでいます。

　ただし，それに加えて，ここでは「指示的」と書かれています。ここでいう指示的というのは，(私が理解する限りですが) 行動療法のことを意味しています。つまり，クライエント中心療法を基礎としながら，その中に一部行動療法の要素を組み込んだハイブリッド心理療法というわけです。しかし，クライエント中心療法の提唱者であるロジャーズは，そもそも，自身のアプローチを「非指示的（≠精神分析，行動療法）療法」と称していましたので，「クライエント中心でありかつ指示的な方法」というのはロジャーズの意図と外れたものかもしれません。本講では，動機づけ面接がなぜ指示的な方法と言われるのかという点についても解説をしていますので，この点についてもしっかりと理解をして下さい。

∴心とは何か，病気／不適応とは何か

　動機づけ面接は端的に言えば「わかっちゃいるけどやめられない」対策です。そもそも，アルコール依存にせよ煙草などの嗜癖物質への依存にせよ，相談に来るような人はこうした依存物質の使用をやめた方がいいことはわかっているわけです。しかし，やめられない。なぜかというと，葛藤

しているからです。こうした方がいいのはわかっているけどできないとか，やらない方がいいことはわかっているけどやっちゃう，という状態です。この時，人間は葛藤していますが，葛藤している状態というのは，複数の行動に関する選択肢があり，それらの利益とコストが釣り合っていて，どちらにも転びうる状態ということになります。その様子を示したのが**図8-1**（次ページ）です。

アルコール依存の人はアルコールを飲んでしまう状態（変化しない／現状維持）を変えて，アルコールを飲まない自分（変化すること）を作ろうとしているはずです。変化することにはもちろん大きな利益がありますが（例：病気が治って，愛想を尽かせて出て行った奥さんと復縁できるかもしれない），コストもかかります（例：アルコールを飲まないと離脱症状が出て手が震える）。

また，変化をせずに現状を維持していればそれはそれでコストがかかる（例：肝硬変になる）ことはわかっていますが，現状が続いていることには当然それなりの利益もあります（例：ストレスを発散できる）。ある意味で，これらが上手いことバランスをとれているからこそ，支援者に助けを求めることもあるものの，かといって治療的な行動をしっかり守ることができないという状態ができあがるわけです。仮に，バランスのとれていない人であれば，一人で勝手に堅く誓って断酒をするか，身体の病気になるのは仕方がないと割り切って通院などはしないか，どちらかになるでしょう。

---

❶ここでは具体例としてアルコールや煙草などの嗜癖物質を挙げていますが，そもそも，相談に来る人というのは，多かれ少なかれ，何らかの葛藤を抱えています。心理的な問題で相談に来る人というのは，当然のことながら，何がしかのことで困っています。そして，たいていの場合は，自分で何か色々と解決策について考えて，そして少しは実行したりして，それでもうまくいかず，にっちもさっちもいかないとか，解決策は思いついてはいるが，どうしてもそれができないとか，そういう状態にあるものです。困った状態にあったとしても，これしかないこれをやるんだと堅く心に決めている人は，他人に相談なんてしないわけですから，相談場面には現れませんし，何か困ったことがあるのに，その問題に対して何も考えたことがないという人も（まぁほとんどいないでしょうが），相談場面には当然現れません。だから，相談に来た人というのは，何か困ったことがあり，そのことについて自分なりに色々考えてはいるものの，うまくいかないことが重なったせいで，こうすればいいということはわかっているのに実行できないということが多いわけです。そういう場合には，別にアルコールやら薬物の問題に限らず，広く動機づけ面接の技法が適用できます。実際，ロジャーズは，クライエントがどちらの方向に進むべきかはクライエント自身が一番よくわかっている（しかし，うまく進めない，進む勇気が出ない）といった趣旨のことを言っているわけですから，動機づけ面接はやはり，クライエント中心療法の後継者たるに相応しい考え方だと思われます。

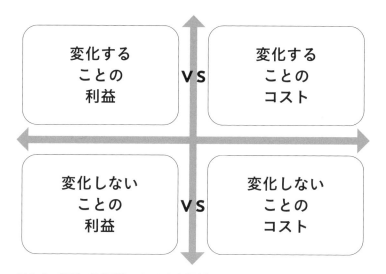

変化する ことの 利益	**VS**	変化する ことの コスト
変化しない ことの 利益	**VS**	変化しない ことの コスト

図8-1　動機づけ面接における人間観

∴∴治療とは何か

　この状態をもとに，治療の戦略を考えてみましょう。このように変化することの利益・コストと変化しないこと（現状維持）の利益・コストが釣り合ってしまっているが故に動けないクライエントがいた場合，変化することの利益と変化しないことのコストに関する見積もりを高めれば，自然と変化する方向へと進んでいくことになります。ただ，そもそもクライエントは自分自身が葛藤を抱えていて，その葛藤の中身が釣り合ってしまっているが故に動けなくなっているのだということすら認識できていない場合が多いので，まずは，クライエントの抱える葛藤そのものを明確化していくことが先に来る場合がほとんどです。このような戦略を示したものが**図8-2**になります。

　このような形で治療を進めていくために，動機づけ面接では対話に関して四つの戦略を示しています。

　一つ目は，共感を表現する（Express Empathy，第1原則）です。クライエント中心療法を基礎としているので当然のことですが，共感は何よりも重視されます。ただし，クライエント中心療法よりも戦略的に共感をしていきます。戦略的というのはどういうことかというと，クライエントは葛

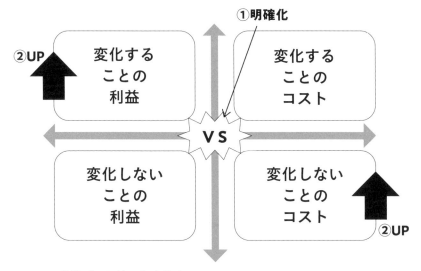

図8-2　動機づけ面接の治療戦略

藤しているので，クライエントの話の中には変化に役立つ発言（変化することの利益や変化しないことのコストに関する言及）と変化に役立たない発言（変化することのコストや変化しないことの利益に関する言及）が混在しています。その中から，当然，変化することに役立つ発言を反射したり，明確化していくということです。

　このような対話は，花束を作るイメージだと説明されることがあります。つまり，クライエントの発言の中から，花束（変化したクライエント）を作るのに必要なきれいな花（変化することの利益や変化しないことのコストに関する言及，いわゆる**チェンジ・トーク**）を集め，枝葉やトゲ（変化することのコストや変化しないことの利益に関する言及）を切り落として，きれいに集めて返してあげる，ということです。

　なぜ変化することの利益や変化しないことのコストに関してクライエントが言及した際に共感していくことが，変化することの利益や変化しないことのコストの認識を高めるのでしょうか。当然，共感は好子なので，変化することの利益や変化しないことのコストに関してクライエントが言及した後に共感をすると，また同じような発言をすることになります。つまり，変化することの利益や変化しないことのコストに関して何度も自分自身で説明するようになっていきます。人間は，自分の内的な状態を直接観

察することができないので，実際の行動を観察する（この場合は，発言内容を吟味する）ことで，自分の内的状態を推察します（**自己知覚理論**）。つまり，アルコール依存の人であれば，自分がアルコールに対してどう思っているのかは明確にはわからない状態にあるわけですが，何度も何度も変化しない（現状維持≠アルコールを飲むこと）ことのコストを口にしている自分を発見すれば，自然と変化しない状態ではいられなくなるというわけです。

　二つ目は，矛盾を拡大する（Develop Discrepancy，第2原則）です。既に説明した通り，クライエントは変化することとしないことの間で葛藤をしているので，相矛盾する思考・感情・行動を抱えています（例：しっかりと朝から働きたいという目標を持っているにも関わらず，毎夜のように飲んでしまう）。クライエントの中にある矛盾や葛藤を明確にしていくことは変化へ向けての重要なステップです。なぜならば，自分が葛藤や矛盾を抱えていることを認識していない人が多いわけですが，人間はそれを意識してしまえば，解決せずに抱えていられないからです（**認知的不協和**）。

　三つ目は，抵抗を手玉にとる（Rolling with Resistance，第3原則）です。これはなかなか翻訳が難しいところですが，元の英語はRolling with Resistanceですから，抵抗とともに転がりながら進んでいくイメージです。寝技みたいな感じでしょうか。ここでいう抵抗とは，治療に反する行動をとったり，言ったりすることです。アルコール依存の人が，酒を断つとは言いながら，どこかで飲んでしまうのは，ある意味当たり前のことなので，それに直接的に反論してはいけないということです。

　我々は抵抗にあうとどうしても反論したり，説得したりしたくなります。しかし，そんなことをしてもだいたいは無意味です。例えば，期末テストを前にして，なんとなく試験勉強のやる気が出ず，だらだらと部屋の模様替えや掃除をしている姿を母親に見つかると，だいたいの場合は，「そんなことしてないでさっさと勉強しなさい」と言われます。皆さんも経験があると思うので思い出してもらいたいのですが（そんなことない？），そう言われて，「そうだな，勉強しなくちゃな」と思うことがあったでしょうか？　たいていの場合は，「そんなことはわかってる。そう言われてむしろやる気がなくなった。今やろうと思ってたのに。あんたのせいでできなくなった!!」とか言ったのではないでしょうか？（笑）勉強をさせようとす

る親が説得をしたり，理屈で説き伏せようとすることがいかに無意味なことかは，皆さんが一番よくわかっているはずです。なぜなら，勉強した方がいいことは当然わかっているのに，それでも（なぜだかは自分では明確に意識できないわけですが）なんとなくやる気がでないわけです（これが葛藤です）。セラピーに来る患者も一緒です。アルコールを飲まない方がいいことなんぞ，本人が一番よくわかっています。それでも，飲んでしまうし，飲むなと言われれば，余計に治療をする気が失せるわけです。

　なぜこのような現象が起きるのでしょうか。それもこれまでの意思決定の図式で説明できます。それを示したのが**図8-3**です。抵抗にあった治療者（勉強をしていない子どもを見た親）は，変化することの利益や変化しないことのコストを丹念に説明し，相手を理屈で屈服させようとしたり，懐柔しようとします。しかし，そもそも抵抗をしている側は，変化した方がいいことは（勉強をした方がいいことは）当然わかっています。その上で，変化することと変化しないことが葛藤を起こしており，どちらとも決めかねて，部屋の模様替えといった関係のないことをするわけです。そして，抵抗をしている方は，葛藤しているので，変化することの利益や変化しないことのコストばかりを説明されると，反対に変化することのコストや変化しないことの利益を説明したくなります。繰り返しますが，抵抗をしている者は，これらが心の中で葛藤を起こしており，同じくらいの重み

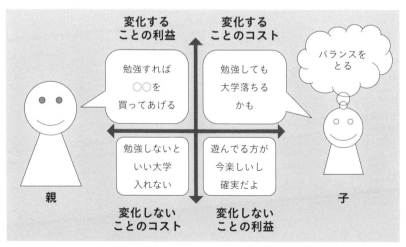

図8-3　説得はなぜ失敗するか？

を持っているからです。そして，既に自己知覚理論の話をした通り，変化することのコストや変化しないことの利益を説明すればするほど，変化をせずに現状を維持する可能性が高くなります。これが，「やる気がなくなった」の正体というわけです。

　治療がこのような落とし穴にはまることを防ぐために，第3原則は存在します。抵抗が起きることは通常の現象ですし，まともに反論すればするほど，変化への動機づけは下がっていきます。だからこそ，まともに反論をするのではなく（奇麗な立ち技で勝負するのではなく），寝技を使う必要があるということです。

　四つ目は，**自己効力感**を援助する（Support Self Efficacy，第4原則）です。自己効力感とは自分がやろうとしている行動を実際にうまくやり切ることができるという自信や期待のことです。戦略的な共感が奏功し，クライエントの変化への動機づけが高まったとしても，実際に変化をともなう行動をうまくやり切れるという自信がなければ，変化へ向けた具体的なアクションは起こりません。そのため，自己効力感を援助することが必要になってきます。どのようにすれば自己効力感を高めることができるのかは，ケースバイケースです。クライエント自身が変化をすることについて「できる」「やれる」と発言したとすれば，それに対して共感をしていくことは一つの手です。あるいは，変化に向けた具体的な行動計画を一緒に作成したり，その行動を行うための情報提供をすることが，「できる」「やれる」と思えることにつながる場合もあります。

∴ 理論に関する補足説明

　ここまでの説明を見て気づいた人もいるかもしれませんが，動機づけ面接という面接技法がなぜ治療的効果を発揮するのかということに関しての説明は，随分とつまみ食い的な印象があります。自己知覚理論やら認知的不協和やら，ここまでの話は社会心理学の授業で出てきそうなキーワードをつなげたかのような説明がなされており，やや心もとない印象を受けます。

　なぜそうなるのかというと，これもいい加減聞き飽きたと思う人もいるかもしれませんが，現場での試行錯誤が先にあり，「このやり方は効く！」

ということが実感され／実証され，その後に，でも何で効くんだろう？という話になったからです。つまり，人間の心に関する実証的な原理原則が先にあって，そこから支援技法が導かれたのではなく，効くことがわかった支援技法が先にあり，その後になぜ効くのかの説明が作られたから，不安定なのです。それが悪いというわけではなく，臨床の現場で使われるものというのはそういうもので，まずは役立つものが必要だから，役立つものは何でも使えということになり，その後に，「これけっこう効くんだけど，はて，なんで効くんだろう？　もう少し真面目に考えてみるか」ということになるわけです。歴史は繰り返します。

　これは，必ずしも悪いことではありません。認知療法の時にも，最初の想定（刺激→認知→結果）が更新されて，そのことが第三世代の認知・行動療法の勃興へとつながっていきました。同様に，動機づけ面接の効果のメカニズムについてもより精緻化され，その中でセラピーも洗練されていくかもしれません（もちろん，ならないかもしれません）。

　その際の一つの有力な視点として，**自己決定理論**（*Self Determination Theory*）という考え方があることを紹介しておきます。自己決定理論は人間の動機づけに関する非常に有名な／有力な理論の一つで，教育心理学の授業で内発的動機づけの話をする際に聞いたことがあるかもしれません。自己決定理論では，(ある行動をした際に) **自律性・有能性・関係性**という三つの心理的欲求が満たされると，当初は外発的に動機づけられた行動も，次第に自律的／内発的なものとなり，その人のパーソナリティに統合されていくことが仮定されています。自律性の欲求が満たされるとは，自己の行動が他者のコントロールや強制を受けていない状態にあるということです。有能性の欲求が満たされるとは，もちろん，自分の能力が十分にその行動をやれる（自分は有能だ）と感じられるということです。関係性の欲求が満たされるとは，その行動を通じて他者との連帯感が感じられたり支持的な関係性が作れるということです。こういう行動は，最初は外発的に動機づけられたとしても（例：先生に「課題だからやれ，やらないと単位は出ないぞ」と脅された），それが次第に内発的になっていき（その行動をすることそのものが目的となっていき），最終的には我々が「性格」と呼ぶような行動パターンになっていく，ということです。

　自己決定理論と動機づけ面接の四つの原則を対応させてみましょう。共

感を表現することはもちろん，関係性の欲求を満たすことにつながります。矛盾を拡大することや抵抗を手玉にとることは，自律性の欲求を満たすことにつながります。最後に，自己効力感を援助することは当然，有能性の欲求を満たすことにつながります。このような整合性故に，動機づけ面接の効果の理論的背景を自己決定理論に求めることが多くなっています。

　自己決定理論の説明をもう少し続けます。自己決定理論では，まったく動機づけられていない無動機の段階から，内発的に行動が生起する段階までに，いくつかの段階が存在することが想定されています。それを示したのが**図8-4**です。

　最初は，**外的調整**の段階です。この段階は，外的な報酬を得るためだったり，罰を避けるために行動が生起する段階です。例えば，強迫性障害に対する曝露療法の実施で考えてみると，親がクライエント（子ども）の強迫行為に巻き込まれて困っており，相談機関へ行こうと誘ってきたが，行くことを拒否したら親が激怒したので，しぶしぶ行くことにした，というような状態です。

　次の段階は，**取り込み的調整**の段階です。この段階は，罪悪感・恥・不安といった内的な衝動によって行動が生起する段階です。強迫性障害に対する曝露療法の例で言えば，嫌悪刺激に対する曝露の課題がセラピストから出されたが，やりたくないので1週間まったく手をつけないまま次の来談の日になり，その時に何もやっていないことの罪悪感が高まったのでそ

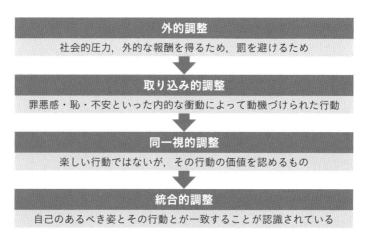

図8-4　動機づけのあり方の変化の段階

の日だけ課題をやった，みたいな状態です。

　三つ目の段階は，**同一視的調整**の段階です。この段階は，（決して楽しい行動ではないが）その行動の価値を認めることによって行動が生起する段階です。強迫性障害に対する曝露療法の例で言えば，曝露法をやるのは楽しくないどころかけっこう辛いが，それでもやったことによって症状が少し減るような気がするし意味があるかもしれないので，ちょっとずつ自宅で一人でも課題をやる，みたいな状態です。

　最後は，**統合的調整**の段階です。この段階は，自己のあるべき姿とその行動を行うこととが一致することとして認識されることによって行動が生起する段階です。強迫性障害に対する曝露療法の例で言えば，曝露をすることによって強迫性障害の症状を減らすことが自分のあるべき姿であり，それによって自分が本来やりたいこと（例：勉強，部活）をやれるようになると思うようになる，みたいな状態です。

　この段階はもちろん，自律性・有能性・関係性の欲求が満たされることによって進んでいくわけですが，段階によってどの欲求がより大事かということは変わってくるようです。具体的には，外発的な動機づけが強い時には，有能性や関係性がより大事であり，段階が進むと自律性が大事になってくるようです。

∴• おわりに── 山本五十六，再び

　社会的学習理論の話の時に予告しておきましたが（p.081），ここでもう一度，連合艦隊司令長官・山本五十六の格言を見てみましょう。

> やってみせ，言って聞かせて，させてみせ，ほめてやらねば，人は動かじ（社会的学習理論）
>
> **話し合い，耳を傾け，承認し，任せてやらねば，人は育たず**
>
> やっている，姿を感謝で見守って，信頼せねば，人は実らず

話し合い，耳を傾け（関係性），承認し（有能性），任せてやらねば（自律性），人は育たず，ですから，この格言の二句目は自己決定理論を意味しています。一句目は社会的学習理論，二句目が自己決定理論を優しく説いたものですから，山本五十六がいかに人間心理に精通していたかということがよくわかります。理論の詳細を忘れても，この格言を覚えておけば，我々の動機づけをどうすれば高めることができるのか，その本質は忘れずにおけるというわけです。

☑ 理解度チェック課題

□問1 **基礎** 動機づけ面接における心理観（心とは何か），動機づけ面接で説明できる精神障害や不適応の種類（病理論），その治療／支援方法（治療論），について説明しなさい。

□問2 **応用** （これまでに学習した）何らかの心理学的理論から，自らの学習 or 論文執筆への取り組みを加速させる（動機づける）方法を考案しなさい。

---

❷自己決定理論を提唱したライアン（Richard M. Ryan）とデシ（Edward L. Deci）はいずれも存命で，バリバリの研究者であり（デシが活躍し始めたのが1970年代），当然山本の方が先に生まれ，死んでいます。なお，デシは弟子ではなく，ライアンがデシの弟子です。

❸どうせここまできたら，三句目も心理学の理論で説明したかったのですが，その点はなかなか難しいものです。ただし，「感謝」についてはクライエント中心療法の補講「ポジティブ心理学」でも述べたように，感謝をする人のウェルビーイングを高めるという効果があります。部下に感謝をすることで，自身のメンタルヘルスの状態が安定し，それが部下を信頼し，見守り，育てることにつながっていた可能性はあるかもしれません。

第
9
講

家族療法

　本講のテーマは**家族療法**です。位置づけを確認しましょう。図1-2（p.014）の，構成主義批判，ゲシュタルト心理学，**システムズ・アプローチ**という流れを見て下さい。既に「歴史・全体像」の回で説明したように，ゲシュタルト心理学は，ヴントの心理学の中でも，**構成主義**を批判しました。構成主義とは，複雑なものごとを理解するためには複雑なものを細かい要素に分解し，整理して理解しようという科学の基本的な態度でした。構成主義批判はこれに対し，あんまり細かい要素に分けてしまうと意味を失うものがあると批判をしたわけです。

　このような態度から出てきたのが，システムズ・アプローチです。ここでのシステムとは，相互依存的に関連・影響を与え合うもので，部分に還元できないものを指しており，その代表例が家族ということになります（もう少し大きいレベルでは，学校や職場といったコミュニティ，地域，国家なども想定されます）。つまり，人間の心理・行動を説明するにあたって，個人という細かい単位では見落とすものがあるということです。

　考えてみれば，これまでの精神分析，認知・行動療法，クライエント中心療法という個人心理療法の三本柱では，いずれも不適応の原因は個人に帰属されました。例えば，精神分析では，病気の原因は自我の退行／機能不全であるとされ，自我の強化こそが治療となりました。行動療法では，個人が病的行動を学習のメカニズムに沿って学習したことが病気の原因とされ，より適応的な行動を学習し直すことが治療となりました。認知療法では，個人の認知のあり方が問題でした。クライエント中心療法は，自己概念と経験の不一致が問題でした。これらは，基本的に「個人」が人間の心理や行動を考える基礎的な単位となっているということです（行動療法については，刺激や環境の変化が重要な変数となっているので，必ずしも個人の内側に全てが帰属されているわけではなく，その点でシステムズ・アプローチとは比較的相性がいいです。この問題については，後述しています）。

　しかし，それはちょっと違うだろう（少なくとも，違う場合もあるだろう）というのが，システムズ・アプローチの提起した重要な視点です。人間の心や行動は個人単位だけで全てが説明できるわけではないだろうと。家族や学校のクラスといった個人をとりまくより大きなシステムの中で規程される部分もあるだろうということです。もし，我々の病理や不適応が

個人ではなくそれをとりまくシステムの相互作用の結果として必然的に生じているものであれば、個人の心の内にいくら介入しても無駄であり、システムの相互作用のあり方そのものに介入する必要があります。これが、システムズ・アプローチの基本的な認識です。

　そして、その中でもとりわけ家族というシステムに焦点をあてたアプローチの総称を家族療法と言っています。そのため、家族療法というのは、単一の心理観・病理論・治療論を持つアプローチではありません。上記のような心理観についてはある程度共通していますが、その中でも様々な病理論・治療論があります。正直、こういった事情があるため、ここではとても解説が難しいのですが…。本講では、まずは家族療法に共通する心理観を紹介した上で、いくつか主要なものに絞って、病理論・治療論の紹介ができればと思います。

﹨﹨﹨ 家族療法の視点１：
　　　家族内での機能に関する認識

　最も基本的な態度として、家族療法やシステムズ・アプローチでは**円環的因果律**で世界を認識します。これは、**直線的因果律**と比較することで、その特徴を理解することができます（**図9-1**参照）。これまで紹介してきた

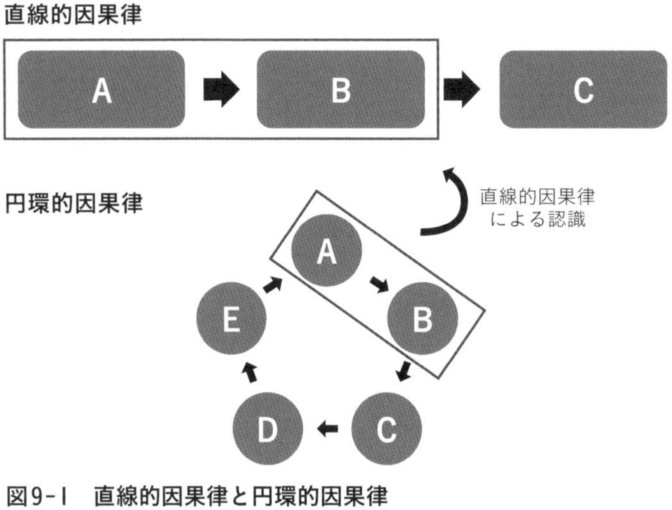

図9-1　直線的因果律と円環的因果律

各種心理療法は基本的に直線的因果律に則って説明をしてきました。直線的因果律では原因が結果に直線的に影響を与えます。「Aが原因となってBが起こる，Bが原因となってCが起こる」という認識です。機能分析や認知療法のABC図式なんかは，まさにこの通りです。一方で，円環的に因果関係を認識したものがその下になります。原因であったはずのAはBを引き起こし，BはCを引き起こし，ということが巡り巡って，結局AはAの原因でもあり結果でもあるという事態が起こっています。その一部を切り出せば確かに直線的に，つまり，「A→B→C」とも認識できますが，それは現象の全体をとらえていないというわけです。

　これだけだとわかりづらいかもしれないので，具体例で考えてみましょう。**図9-2**は授業の面白さに関する因果律の認識の差異を示したものです。おそらく学生の皆さんの多くは，左側のような直線的因果律で認識しているはずです。先生が面白い授業をすることが原因となり，結果として学生が真面目に話を聞く，という流れです。先生が面白い授業をしなければ，学生は話を聞かず，結果として寝てしまうというわけです。自分たちが授業を聞いていないのは，先生の話がつまらないと私も学生の時は思っていたので，まぁそんなものです。

　しかし，現実はそこまで単純ではなく，もう少し複雑です。それは教壇に立てばわかります。教員が授業に臨む態度は，学生の反応の影響を受けて形成されています。学生にコメントを書かせる授業というのは多いと思

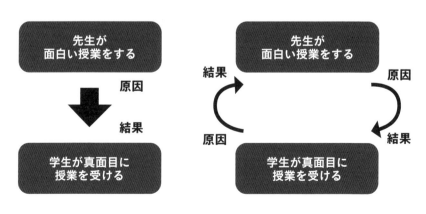

直線的因果律　　　　　　　　　　**円環的因果律**

図9-2　授業に関する因果律の2パターン

いますが，授業の内容をしっかりと聞き，その上で授業内容への発展的な疑問を書いていたり，建設的な批判がされていると，教員の側のテンションは上がり，次週のための授業準備にも熱が入ります。結果として，教員の行う授業の質が上がることになるというわけです。反対に，授業内容をまともに理解しているとは思えないコメントが書いてあったり，授業中に寝ている学生が多ければ，教員のテンションは下がり，準備をまともにすることはなく，昨年とまったく同じ内容を話すに留まるかもしれません（人間だもの…）。

　つまり，我々が原因と結果として別個に認識しているものは，双方が双方の原因でもあり，結果でもあるような（鶏と卵のような）関係にあるということです。家族療法やシステムズ・アプローチでは，人間の心理や行動の因果律をこのように認識します。

　このような因果関係に関する円環的な認識論を背景に，ベルタランフィ（*Ludwig von Bertalanffy, 1901-1972年*）の**一般システム理論**やウィーナー（*Norbert Wiener, 1894-1964年*）の**サイバネティクス**の思想があります。これらの思想（**システム・サイバネティクス**）から，家族を一つのシステムと見なし，システム内の相互作用する要素はシステムの平衡を維持するために特定の機能を果たすことがある（**家族ホメオスターシス**）といった家族療法に大きな影響を与える思想が生まれることになりました。

　わかりづらいと思いますので，こうした認識論に関する具体例を挙げましょう。例えば，非行少年がいたとして，その少年が万引きを繰り返しては，補導されているとしましょう。行動療法的な立場からすれば，万引き行動をその少年が学習したものと見なし，万引き行動が発生するような刺激を除去したり，刺激に対応する別の行動を学習させることが行われるはずです。

　それでは，こんなストーリーが背景にあったらどうでしょうか。実はこの少年の両親は非常に不仲で，いつも喧嘩ばかりしています。離婚をするしないという怒鳴り合いを頻繁にしているわけです。このような喧嘩があるたびに，この非行少年が万引きをし，警察に補導されると両親が揃って謝罪をしに来て，今後のことを怒鳴り合いをせずに話し合っているとしたら…。この少年の万引き行動の刺激は両親の「離婚するぞ」という喧嘩であり，万引き後に（警察に引き渡された後で）両親の喧嘩が一時的にせよ

おさまるという環境の変化が起こることで（嫌子の消失），万引き行動が維持されているわけです。そして，この万引きという非行行動は，家族というシステムが離婚によって崩壊することを結果として防いでいることになります（**家族ホメオスターシス**）。果たして，このような非行行動は，その少年の内的な（心の）問題なのでしょうか。あるいは，システム内の（家族内の）相互作用の問題でしょうか。後者の視点をより強く押し出したものが，家族療法的な視点ということになります。両親は警察に来たら「うちのバカ息子がこんなことをして，本当にすいませんでした」と万引きをした店の店主や警察官に頭を下げるかもしれません。これは，息子の性格が原因でこんなことが起きたという認識の表れでしょうが，家族療法家であれば，「本当にバカなのは誰ですか？　これは息子さん個人の資質の問題ではなく，家族システムの問題ですよ」と言うでしょう（おそらく，行動療法家もそう言うと思いますが**❶**）。

　このような認識論は，用語にも表れています。このような認識論に立つセラピストは，相談に来た人のことを，患者（*Patient*）やクライエント（*Client*）ではなく，**IP（Identified Patient）** と呼びます。Identifyは特定するといった意味ですから，IPは患者だと特定された人といった意味になります。つまり，家族やコミュニティの中で，問題のある人間だと特定された人，という意味です。その人に問題があるのではなく，周囲からたまたま問題があると見なされている人という意味でもあります。なぜならば，システムそのものの相互作用の結果として，たまたま問題を背負わされているからであって，その人が内的に問題を抱えているわけではないと考えられるからです（上の非行少年の例を思い出して下さい）。IPという用語を使用する背景には，このような認識論の差異があります。ロジャーズがクライエントという用語を広めたのと同様，言葉の違いには敏感になる必要があります。

---

❶ くどいようですが，重要なことは手をかえ品をかえ，概論の中に何度も出てきます。家族療法と行動療法の表面的な差異ではなく，類似点に着目することは非常に重要なことです。

家族療法の視点２：
家族の構造や世代間伝達への着目

　二つ目として，家族（システム）の構造や世代間の伝達によって，心理的な問題が発生しうるという視点があります。つまり，ごく簡単に言えば，個人の心が弱いから病んでしまったり問題を起こすのではなく，家族の構造そのものが（ここには，数世代にわたる歴史的な視点も入ります）病的な状態や問題行動を引き起こすということです。

　こうした視点の背景には，ハイダー(*Fritz Heider, 1896-1988年*) の**バランス理論**に代表される社会的関係（≠二者関係，≒三者関係以上のN者関係）の認知に関する理論の発展があります。ここでは，簡単にバランス理論の概要を紹介し，その上で，それが家族やシステムの構造と個人の心理的問題とをどう関連づけて説明するのかを紹介します。バランス理論はN者（者と書いてますが必ずしも人でなくてもOKです）関係にまで拡張される理論ですが，その基礎となる三者関係をベースに説明をします。

　バランス理論の法則は，ごく簡単に書くと以下のようになります。

　１．私の友人の友人は，私の友人である
　２．私の友人の敵は，私の敵である
　３．私の敵の友人は，私の敵である

　この状態が満たされた関係性は安定的なものであり，この状態が満たされない関係性は不安定なものです。一般に，システムは一時的にバランスのとれていない不安定な状態になることがあったとしても，そこからバランスのとれている安定した状態に変化していきます。バランスがとれた安定的状態に向かえない場合，システムは瓦解しますが（例：友人と疎遠になる），バランスがとれない状況でもシステムが崩壊できない場合（例：血縁関係は消えない），このシステムの構成員には多大なストレスがかかることになります。

　この話を具体的に説明しましょう。**図9-3**の二つの三者関係はいずれもバランスのとれた安定した関係性です。システムは通常，この形をとっています。左側は，三人の仲がみな良い状態です。これが安定するのはまぁ

わかるでしょう。右はAさんとBさんは仲が良く、Cさんがハブられている状態です。よくよく見ればわかりますが、これも上の三条件を満たしているので、バランスがとれています。AさんとBさんは揃ってCさんの悪口を言うことで団結できるというわけです。こうした安定したシステムは長続きします。

　次に、**図9-4**はバランスのとれていない不安定な三者関係です。これは上記の三条件を満たしていません。この不安定な状態におかれたシステムの構成員が、多大なストレスを感じます。心の問題が、個人の脆弱性だけではなく、システムの構造上の問題だというのは、こういう意味です。誰が特に辛いかは想像してみればわかると思いますが、特にBさんがしんどいはずです。不安定な関係性は長続きせず、これはいずれ安定した関係性に変化するはずです（そうでなければ、システムそのものが崩壊します）。この場合、①AさんとBさんの仲が悪くなる、②BさんとCさんの仲が悪くなる、③AさんとCさんの仲が良くなる、のいずれかの変化が起こるは

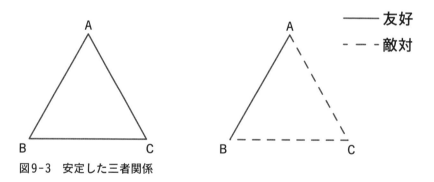

図9-3　安定した三者関係

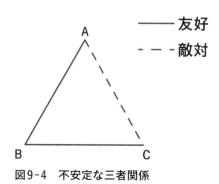

図9-4　不安定な三者関係

ずだということです。

　国際的な外交関係を使って，具体的に考えてみます。**図9-5**はバランスのとれた安定的な国際関係の例です。安定的な関係なので，そう簡単に変わるものではありません。左ですが，日本とアメリカの間には軍事同盟があり，アメリカとイギリスの間もまた同様です。日本とイギリスの間に特に問題はありません（それほど強い関心がないだけかもしれませんが）。この状態は安定しています。また，右の図の関係性も安定しています。日本とアメリカの間には軍事同盟があり友好的です。日本と北朝鮮の間には拉致問題などがあり，緊張関係にあります。アメリカと北朝鮮の間も，核開発・保有の問題があり，良好ではありません。ですから，これは安定的でそう簡単には変わりません。

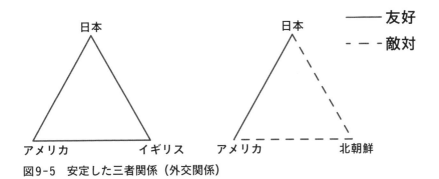

図9-5　安定した三者関係（外交関係）

　不安定な三者関係の具体例を示したのが**図9-6**です。何度も書いていますが，日本とアメリカの間には軍事同盟があります。韓国とアメリカの間にも軍事同盟があります。一方で，日本と韓国の間には領土問題など重要な外交問題があり，必ずしも友好的な関係とは言えない部分があります。この三角形は非常に不安定であり，安定した方向へと進む力が働きます。アメリカと両国間の関係性が変わらないのであれば，安定するためには日韓関係を良くするしかありません。なお，この不安定な三角関係が最もストレスフルなのは当然アメリカということになります。きっと，「面倒臭いな，あいつら仲良くしてくれないかな」と思っているはずです。

　こうした原理は外交のような大きな遠くの話ではなく，我々にとって非常に日常的なものです。例えば，**図9-7**はCMで特定の商品を特定のタレ

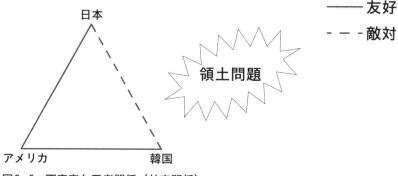

図9-6　不安定な三者関係（外交関係）

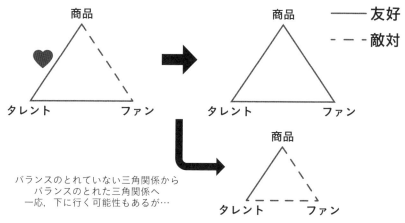

図9-7　バランス理論を活用したCMの効果のメカニズムの説明

ントが好きであることを示すことがなぜマーケティング上有効であるか
を，バランス理論の観点から説明したものです。図を見れば，宣伝したい
商品のことが好きではないファンがたくさんいるタレントが最もCMに適
していることがわかるはずです（なお，CMの効果については，レスポン
デント条件づけによっても説明することが可能です）。

　このバランス理論そのものは必ずしも三者関係のみならず，これをN者
関係にまで拡大することが可能です。このような観点から家族の構造を眺
めてみると，ありがちな家族というものは，もちろん安定した関係性で作
られており，そこには構造的な必然性があるということになります。図
9-8はよくある家族のパターンをバランス理論の観点から示したもので，

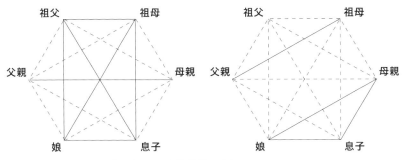

図9-8 バランス理論から見た家族構造の例

実線が良好な関係を，点線が悪い関係を示しています。

　左は，構造的な視点からは健康的とされる家族の典型例です。よくよく各三角形を見てもらえればわかりますが，これらはバランスのとれた関係によって構築されており，このシステムは安定的なものです。親同士・子同士が良好な関係を築いて連合関係を作っており，世代間には明確な差異があるという構造です。家族というシステム全体にとって，反抗期（や自立）がなぜ必要なのか，孫がなぜ可愛く見えることが多いのかということは，システムの安定性という観点から見れば一目瞭然です。こうした心理は，システムの安定化に役立っているということです。

　右側も左とは異なる形ですが，バランスのとれた関係によって構築されており，左とは違った意味でこのシステムは安定的なものです。ただし，このような形の家族が健康的かというと，左に比べればその可能性は薄いでしょう。この家族は，父親が孤立し，母親と子どもが連合を作るという構造を世代を越えて繰り返しています。父親と疎遠で母親と密着した男親は，自分が親世代になった時に同じ構造を繰り返しがち（というよりも，そうならないと世代を越えたシステム全体が安定しない）ということがこの図からわかってもらえると思います。今，この図の母親は自分の息子に対して父親の悪口を散々言っているわけですが，将来この息子は，母親から自立せず，嫁との関係が悪化する中で，同じ状態になるだろうと予想されるわけです（カエルの子はカエル，マザコンの子はマザコンです）…。

　このような世代を越えた類似行動の繰り返しを**多世代伝達**とか**世代間伝達**と言いますが，これも，個人のパーソナリティの問題ではなく，システム内部でその平衡状態を保とうとする力（システムが安定しようとする

力）が働くことによって，必然的にそうなるということが理解できると思います。

░░░ 家族療法の視点3：
コミュニケーションへの着目

三つ目としては，(家族間での) コミュニケーションのあり方への着目が挙げられます。家族内での人間間の関わりのあり方そのものが病理に結びつく可能性への注目が高まったのは，1950年代のベイトソン (*Gregory Bateson, 1904-80年*) による統合失調症の家族コミュニケーションの研究プロジェクトからです。文化人類学者であるベイトソンは，ごく簡単に言えば，二重拘束状況というコミュニケーションのあり方が統合失調症の発症につながるという仮説を提出しました (**二重拘束仮説**)。

二重拘束状況とは，二人以上の人間の間で繰り返し経験されるコミュニケーションであり（しかも，そこから逃げることができず），第一のメッセージが出された後に，内容の異なるメタメッセージが異なる水準で出されるという状況です。具体例を出しましょう。例えば，子どもがいつまでも遊んでいるのを見た親が業を煮やして，「そうやっていつまでも遊んでいなさい！」と怒鳴ったとしましょう。言葉の意味内容としては，遊ぶことを継続しろというメッセージを出していますが（第一のメッセージ），それとは異なる水準で（声音，表情）「いつまでも遊んでいるな」という第一のメッセージとは異なる内容の命令を出しています。これが二重拘束です。なぜ二重拘束と呼ばれるのかというと，どちらに転んでも，親は子どものことを非難することが可能だからです。もし仮に，この後で子どもが遊びをやめたら，「遊んでいろと言っただろ」と言うことができますし，遊び続けていたら，「なんで遊んでるんだよ，怒ってただろ？」と言うことができます。どちらにせよ，親は子どもを責めることができるわけです。

この二重拘束仮説（二重拘束状況が統合失調症を発症させる）そのものは実証されませんでしたが，ベイトソンの研究は無駄になったわけではありません。二重拘束という形ではありませんが，家族内の高EE (*Expressed Emotion*；表出感情) 状態が，統合失調症の再発につながることがその後に見出されました。これは統合失調症における家族への心理教育の必要性とい

う形で臨床実践につながっていきます。また，この二重拘束状況というコミュニケーションのあり方は**治療的二重拘束**という形で，パラドックスを用いる治療技法（逆説的コミュニケーション）へと発展していきます。

　治療的二重拘束の具体例を出しましょう。例えば，「眠れない（不眠）」ということを主訴とした相談があったとしましょう。この時に，セラピストは「では寝ずに起きていて下さい」という命令をします。眠れない（だから，眠れるようにして欲しい）と訴える人に対して，眠らなくていいから起きていましょうということを言うので，パラドックスと言われていますが，このパラドックスはどちらに転んでも治療者に対して美味しい状況を作り出します。仮に，患者の側が反発して眠ってしまえば主訴が消えることになります。一方で，眠れない場合には，セラピストとの約束を守って睡眠状況をコントロールできた，という自己効力感を生み出すことができます。このように，どちらに転んだとしても治療上有益な状況を作るという治療上のコミュニケーション技法に，二重拘束仮説は転用されていきました。

　これが例えば，円環的因果律やら家族構造やらとどういう関係があるのか？と疑問に思うかもしれません。しかし，よくよく考えてみて下さい。既に説明した通り，病気や不適応は，家族構造／システムが平衡状態をなんとか保っている状態です。パラドックス／逆説的な指示は，普通のシステム内で起こる（命令される）ことと逆のことを指示しているはずなので，病気や不適応を作り・維持しているシステム内の悪循環を壊す作用を持っているはずです。だからこそ，このようなコミュニケーション技法が治療的効果を持つ可能性があるわけです。

▨▨▨ おわりに

　既に述べたように，家族療法というのは，何か単一の理論があるわけではなく，ここまで紹介したような世界観・心理観・病理論を重視する治療技法の総称です。そのため，ここまでに紹介した他の理論とは異なり，家族療法というくくりで，世界観・病理論・治療論をひとつながりにして紹介することは非常に困難です。実際の治療においては，こうした前述の視点から病理に関する仮説を立てた上で，その原因を取り除くために様々な

アプローチを行います。

　例えば，家族構造上の問題（例：両親の不仲）がシステム成員の病理や不適応を引き起こしているのであれば，構造そのものを変えるための働きかけが必要です。IPの病理や不適応行動が家族の平衡を保つための機能を果たしている状況であれば，その機能を維持するように逆説的コミュニケーションをとるかもしれません。このような形で，家族の構造，個人の持つ機能，コミュニケーションのあり方を変えていきながら，IPの病理や不適応状態に変化を生み出していくことになります。

☑ **理解度チェック課題**

□問1 **基礎** 家族療法と呼ばれる一群のアプローチに共通する特徴について説明しなさい。

□問2 **応用** 家族療法と行動療法の相違点と類似点について説明しなさい。

第

10

講

効果研究

　ここまで様々な心理療法の理論について説明をしてきました。まぁ細かく見ていくと実際にはもっと遥かに多くの心理療法の理論が存在しますが，主要なものはこれまでの通りです。ここまで読んできて皆さんは，こういう疑問を持たなかったでしょうか。で，結局どれが一番重要なのよ？どれが一番効くのよ？いっぱい色々なのがあるけど，どれもこれも同じくらい効くということもないでしょう…？　非常に良い疑問ですが，この疑問に答えるためには，皆さんは心理療法に関する**効果研究**を読み解けるようになる必要があります。そして，この能力は非常に，というよりも，私から言わせてもらうと，決定的に大事な能力です。

　想像して下さい。皆さんが心理職として定年まで仕事をしていった時のことを。これからあと30〜40年，この領域で仕事をしていく時に何が必要になるかを。今から30〜40年前は，DSMから神経症の用語が消え，精神分析の治療技法としての影響力が弱くなっていっている頃です。まだマインドフルネスや動機づけ面接は理論として存在していないか，あるいはそれほど有名ではありませんでした。認知・行動療法の統合は進んでおらず，認知療法や行動療法として個別に言及されることの方が多かったかもしれません。つまり，臨床心理学の形が今とは違います。皆さんが定年する頃には，その頃の「臨床心理学概論」の授業で教えられる内容も大幅に変わっているはずです。

　心理療法の理論は，これまでの授業でやった通り，常に批判にさらされ，変化していっています。そしてそれは，今まさに起こっていることです。この先の30〜40年で，さらにどんどんと新しいものが出てくるはずです。そして，新しいものの中には有用なものもあれば，そうでないものもあります。授業の中で紹介されるものは，たくさん出てくる新しいものの中から長年生き残ったもので，だからこそ有用であることが明らかですが，それは少し古いもので最新のものではありません（つまり，この授業で教えられている知識は最前線のものではありません。概論とはそういうものです）。しかし，現場に出れば，そういうわけにはいきません。最新のことを何も知らない人間に治療を任せたいと思って相談に来る人はいないからです。

　プロとしてこの先生きていくためには，常に知識をアップデートしていく必要があります。そして，最新の知識を適切に取り入れていくためには，

きちんと論文を読み解ける必要があります。何より，皆さんは単に知識を吸収するだけでなく，新しい知識を作っていく側になります（学生ではなく，プロとして現場に立つのですから）。

　海のものとも山のものとも知れない新しい理論を前にした時に，それが有用なものだと皆さんはどのようにして判断していくのでしょうか？　誰か，偉い人が言っていることを鵜呑みにするつもりでしょうか？　大学の先生が「これは効く！」とか言っているのを聞いておけば，それでいいのでしょうか？　その人が正しいことを言っていることは誰が保証してくれるのでしょう？

　科学において，尊重されるべきは人ではありません。データであり，データの分析結果です。研究こそが最も尊重されるべきものです。その知識が正しいのか否かは，常に研究によって判断されます。研究が読み解けない人間が，科学的妥当性を語ることはできません。海のものとも山のものとも知れない新しい心理療法の理論が本当に治療として機能するのか否かは，常に論文を読んで判断しなければなりません。

◯ 因果関係の推論の質

　ある心理療法が特定の精神疾患の治療や不適応状態の解消に有効か否かということを知りたいということは，治療技法を施すことと精神疾患の治療や不適応状態の解消との**因果関係**を知りたいということです。因果関係の因は原因の因，因果関係の果は結果の果です。因果関係は推定されるものであって，いつでも白か黒かはっきりとするというわけではありません。

　因果関係の推定の質は，**図10-1**（次ページ）の上に行けばいくほど高くなっていきます。つまり，上に行けば行くほど確からしいと考えて良いということです。海のものとも山のものとも知れない新しい心理療法の理論が本当に治療として機能するのか否かは，その治療が特定の疾患を治療した成果を**システマティック（系統的）・レビュー**した結果の**メタ分析**を読むのが一番確実という意味です。偉い人の意見は，図10-1の一番下に位置しています。つまり，もっともあてにならないということです（もちろん，実際の偉い人は論文をちゃんと読んでいて，その知識に基づいて喋っていることが多いのであてになる場合も多いですが，必ずいつでもそうとは限

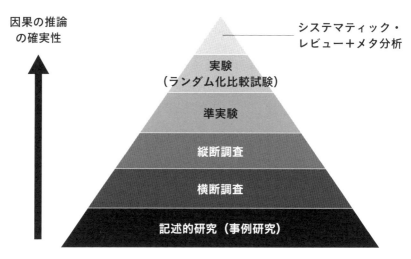

因果の推論
の確実性

システマティック・
レビュー＋メタ分析

実験
（ランダム化比較試験）

準実験

縦断調査

横断調査

記述的研究（事例研究）

※この下には，専門科委員会や権威者の意見

図10-1　因果関係の推論の質

りませんし，だったら自分の目で確かめた方がより良いに決まっていま
す）。例えば，うつ病の治療として認知・行動療法が有効か否かを知りたい
とすれば，Google Scholar（*https://scholar.google.com/*）で「depression cbt meta-analysis」
などと検索し，ヒットした論文の中から，ある程度他の研究でも引用され
ているようなものをまずは読んでいってみれば良いでしょう。

　では，ここで最もあてになると言われているシステマティック・レ
ビューした結果のメタ分析とは何でしょうか？　メタ分析（*meta-analysis*）のメ
タとは，「より高次の／上位の」という意味の接頭辞ですから，メタ分析と
は「より高次の分析＝分析結果の分析」といった意味です。ここでいう分
析結果とは，要するに，特定の心理療法で特定の問題を治療したランダム
化比較試験（実験）の結果のことを指しています。つまり，メタ分析は特
定の心理療法で特定の問題を治療したランダム化比較試験の結果をたくさ
ん集めてきて，その結果を再度分析した結果ということになります。だか
ら，「メタ」分析なわけです。

　例えば，心理療法Aが精神疾患Bの治療に有効であるという報告が一例
なされれば，他の研究グループでも同様の治験がなされることになります
（例えば，他の国とか）。そうすると，世界中で心理療法Aを精神疾患Bの
治療に適用した治験の結果が報告されるようになり，その報告の中には，

物凄く効果的だったという報告もあれば，まぁまぁ有効だったという報告もあれば，有効性は確認されなかったという報告も出てきます[1]。それらの結果を集めてまとめて再度分析したら，より頑健な結果が確認できると思いませんか？　それがメタ分析です。

　結果を集めてくるとさらっと書きましたが，その際には集め方が問題になります。心理療法Aを精神疾患Bの治療に適用した治験が世界中にたくさんあるにも関わらず，恣意的に集めてきたら，偏った結果を出すことができてしまうからです。あまり考えたくはありませんが，例えば，恣意的に集めてくることを認めると，「心理療法Aなんか大したものじゃない」という信念を持った研究者や心理療法Aの創始者に昔罵倒されて恨みを持っている研究者が，有効ではないという結果を報告している実験ばかりを集めてきて，「やっぱり有効ではない」というメタ分析を書くこともできてしまいます。

　そこで大事になってくるのが，システマティック（系統的）・レビューという手法です。要は，いっぱい集めてくる時に，恣意的にならないように，系統的に，システマティックに集めてくるということです。例えば，認知・行動療法のうつ病への効果に関するメタ分析をするとしたら，Pubmed（*https://pubmed.ncbi.nlm.nih.gov/*）で「CBT Depression」と検索してひっかかった論文全てを読んで，きちんとした実験を選んで，その結果を全て含めたメタ分析をしました，といった方向であれば，恣意的な結果を出すことができません。このように，特定の基準を決めて，その基準に合致する実験を全て分析対象とするような手法を，システマティック（系統的）・レビューと言います。

⚙ 実験と因果関係の推定

　「一定の基準で検索した結果を全て読み，その中からきちんとした実験を選んで，その結果を全て含めてメタ分析を行う」とさらっと書いたのですが，では，きちんとした実験とは何でしょうか？　皆さんは，「きちんと

---

[1]報告も出てきます，と書きましたが，残念なことにこうしたものは日本語でいくら調べていてもほとんど出てきません。少なくとも現状，世界中の知識はまず英語で発信されます。こうしたことを調べるためにこそ，皆さんは英語を勉強するのです。

した」の要件を説明できるでしょうか？（あるいは、どういう状態だと実験としてきちんとしていない（＝ダメ）のでしょうか？）

　この点を理解するためには、様々なポイントがありますが、まずは、なぜ実験という手法で研究を行わなければならないのかということを理解する必要があります。さらに、実験がなぜ必要なのか（システマティック・レビューの対象がなぜ実験なのか）ということを理解するためには、因果関係が推定される条件について理解する必要があります。

　どういう時に、因果関係が明らかになった（法則が見つかった！）と言うことができるのでしょうか。因果関係が明らかになったと言うためには、三つの条件が揃う必要があります。それは、①二つの変数の間に共変関係（相関関係）がある、②どちらかが時間的に先行している、③第三の変数が存在しない、という三つです。

⚙ 共変関係（相関関係）

　「①二つの変数の間に**共変関係（相関関係）**がある」とはどういう状況でしょうか。共変関係とは、共に（ともに）変わる関係ですから、二つの変数が一緒に変化するということです。例えば、教室の電気のスイッチを押すと電灯が消えて教室が暗くなります。この時、電気のスイッチと電灯の明るさは共に変化しており、共変関係にあると言えます。

　もう少し心理学っぽい感じに寄せてみましょう。**図10-2**のような図を統計の授業などで見たことがあると思います。

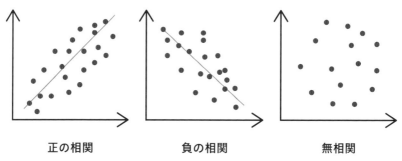

正の相関　　　　　　　負の相関　　　　　　　無相関

図10-2　様々な相関を表す散布図

正の相関とは，片方が大きくなるともう片方も大きくなる関係でした（例：抑うつ気分が高まると自殺念慮が高まる）。負の相関とは，片方が大きくなるともう片方は小さくなる関係でした（例：抑うつ気分が高まると幸福感が低くなる）。このような関係がある時，縦軸と横軸にプロットされた変数の間には共変関係／相関関係があるということができます。

⟡ 時間の先行性

次に，「②どちらかが時間的に先行している」についてです。当たり前のことですが，原因と結果には時間のずれがあり，時間的には原因の方が（少し）先に変化し，その後に結果の方が変化します。このように，どちらが先に変化したのかが明確な場合に，②の条件が満たされていると言えます。

逆に，**時間の先行性**が明確ではない場合とはどのような状況でしょうか？　例えば，皆さんは「4年生の卒論の研究なので参加して下さい」などと言われて，講義の冒頭で質問紙調査に協力したことがあると思います。多くの卒論は，その時1回しかデータが取れません。例えば，その時に抑うつ気分の強さと自殺念慮の強さが測定され，抑うつ気分得点の高さと自殺念慮得点の高さに正の相関関係があったとしましょう。だからといって，抑うつ気分が高まる（原因）と自殺念慮が高まる（結果）とか，うつ病が自殺の原因，などといったことは言えません。なぜなら，1回きりのアンケートではどちらが先で，どちらが後なのかが明確ではないからです。仮に，1回きりではなく，同じ人から複数回データを収集し，抑うつ気分得点が高くなった人はその後に自殺念慮得点が高くなるといったことが明らかになれば，時間の先行性が明確になります。つまり，皆さんがよく受けるような1回しかデータを収集しない調査では時間の先行性が明らかではない（≒因果関係が明確になったとは言えない）ということになります（もちろん，だから，こうした研究に意味がないということではありません。むしろ，どういう意味があるのかをきちんと読み解く／理解することが大切です）。

○ 第三の変数

　最後に，「③第三の変数が存在しない」についてです。第三の変数などというと何か難しそうなもののような気もしますが，要するに，我々が原因と結果の関係だと思っている原因と結果の双方に影響を与える本当の黒幕のようなものだと考えればいいでしょう。つまり，共変関係と時間の先行性の明示に加えて，こうした黒幕が二つの変数の関係を作り出しているわけではないことを同時に証明しなければ，因果関係が明らかになったとは言えないということです。では，以下のような具体例を見てみましょう。

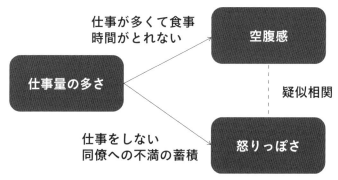

図10-3　第三の変数の具体例

　我々はよく，「あの人はお腹が空いているから怒りっぽくなっているのだろう」などと言います。この場合，空腹感が原因となって，結果として怒りっぽくなっているという因果関係を想定しています。しかし，例えば空腹感と怒りっぽさの両方に影響を与えるような黒幕は存在し得ないでしょうか。例えば，その人はバイト先の同僚が仕事をしてくれず，その同僚への不満がたまると同時に，仕事が忙しすぎて食事が摂れていないのかもしれません。この場合，当然，空腹感が原因で怒りっぽくなっているわけではなく，仕事が多いことが原因となって，空腹と怒りの両方が結果として生まれていると考えるべきでしょう。このような黒幕の存在を第三の変数と呼びます。このような黒幕が存在したとしたら，やはり真の原因はこの黒幕だと考えるのが妥当でしょう。

　以上まとめると，三つの条件（①二つの変数の間に共変関係がある，②

どちらかが時間的に先行している，③第三の変数が存在しない）が揃った時に，因果関係が明らかになったと言うことができます。また，ここから因果関係が共変関係（相関関係）の特殊なバージョンであること（相関関係があるからといって因果関係があるとは限らないこと）もわかります。

⚪ 実験

　実験とは，これらの三つの条件を揃えるための手続きだと考えれば良いでしょう。既に説明したことですが，逆に言えば，皆さんがよく協力するような調査は実験ほど強力に因果関係が特定できません。1回しかデータをとらない調査（**横断調査**）では，相関関係はわかっても時間の先行性はわからず，第三の変数の有無もわかりません。複数回データをとる**縦断調査**では，時間の先行性はわかりますが，やはり第三の変数の有無はわかりません。実験という研究手法は，こうした問題点を克服することができます。それでは，実験とはどのように実施するものでしょうか。**図10-4**は，有名なアッシュ（*Solomon Eliot Asch, 1907-1996*年）の同調実験に関する説明です。

　アッシュの同調行動に関する実験では，上記の二つの状況を準備します。左側は統制群（比較対照群／コントロール群）です。ここでは，図Aと図Bを見比べて，図Aの線分が図Bの1〜3のどの線分の長さと同じかを

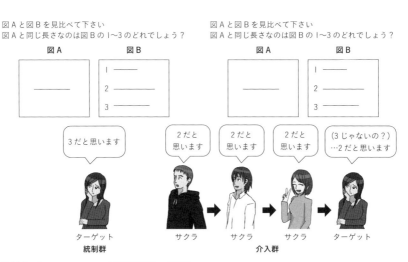

図10-4　アッシュの同調実験の概要

質問されます。一人だけの状況でこの質問をされると，実験参加者の95%
は正解することができました。

　図の右側は，介入群（実験群）です。ここでも統制群と同様，図Aと図
Bを見比べて，図Aの線分が図Bの1〜3のどの線分の長さと同じかを質問
されます。ただし，実験参加者の周囲には人がおり，自分が回答する前に
他の参加者が同じ誤答をします。もちろん，誤答をする人は実験のサクラ
です。この状況でこの質問をされると，実験参加者の65%しか正解するこ
とができませんでした。

　一人の状況だと95%の人が正解できるのですから線分の長さが3と同
じであることは明白です。しかし，自分が答える前に同じ誤答が続くと
30%も正答率が下がってしまいます。この30%こそが同調圧力の効果に
他なりません。これが実験です。

　もう少し抽象的に実験のイメージをまとめると**図10-5**のようになりま
す。まずはじめに，実験では変数の**操作的定義**を作成します。操作的定義
とは，心という目には見えず直接は測定できないものを実験や調査におい
て測定（数値化）できるように心の概念や実験手続きを明確にすることで
す。例えば，同調圧力は目に見えず，その強さを（我々がなんとなく感じ
ることはあっても）数字にすることは難しいものです。そこで，既に紹介
したアッシュの実験のようなシチュエーションを決めます。サクラの人数
が多ければ同調圧力が強くなったと言えますし，それは正答率という形で

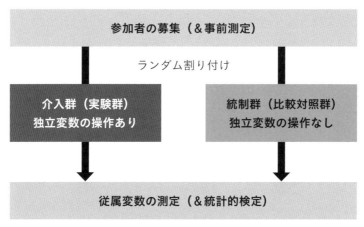

図10-5　一般的な実験デザインのイメージ

数字にする（測定する）ことができます。あるいは，比較する線分の長さ
を変えれば（この実験で言えば，線分2と3の長さを変えれば）同調圧力の
強さを数値化できます（線分2と3の長さの差を大きくしたのに誤答の割
合が変わらなければ，その差分を同調圧力の強さとすることができます）。
このような形で，心を測定可能な形に置き換えます（数値化しなければ統
計的検定ができないからです）。

　次に，実験参加者を集め，参加者をランダムに介入群と統制群に割り付
けます。介入群には独立変数の操作を行い，統制群には独立変数の操作を
行いません。同調圧力の実験では，サクラをおいて誤答させるという操作
が独立変数の操作にあたります。その後，従属変数の測定を行います。同
調圧力の実験では，線分の長さが同じものを答えることで，従属変数の測
定を行っています。最終的には，従属変数の間に統計的に有意な差がある
か否か検定を行います。この点については心理学統計法の授業でやります
ので，具体的な方法については割愛します。

　なお，ここまでの話では，最も簡単なバージョンの実験について説明を
したため，実験群と統制群の二つに割り付けると説明をしました。しかし，
実験は必ずしも二群に割り付けなくてはならないというわけではなく，統
制群に加えて実験群が複数ある場合もあります。

◌ 因果関係の三条件から　実験を読み解く

　それでは先ほどの因果関係が明らかになる場合の三条件がきちんと実験
によって満たされているのか，確認していきます。その前に，本書を読ん
でいる皆さんは，この三条件を覚えたでしょうか？　今，この瞬間にパッ
と出てこない人は覚えていないということですから，改めて覚え直して下
さい。①二つの変数の間に共変関係（相関関係）がある，②どちらかが時
間的に先行している（時間の先行性の明確化），③第三の変数が存在しな
い，でした。

　まず，①の**共変関係**ですが，これは統計的検定で明らかになります。独
立変数の操作を受けた介入群と，独立変数の操作を受けていない統制群と
に従属変数の値の差があれば，独立変数と従属変数との間に共変関係／相

関関係があると言えます。

次に、②の**時間の先行性の明確化**です。実験の場合、独立変数の操作が行われ（先）、その後に従属変数の測定がなされます（後）。そのため、原因である独立変数が先に変化し、結果である従属変数が変化するのが後という時間の差が明確です。

最後に、③**第三の変数**が存在しない、についてです。実験の場合、独立変数（原因）が従属変数（結果）に与える影響を検証していますが、第三の変数、つまり、独立変数にも従属変数にも関連するような他の要因によって独立変数と従属変数の間の疑似相関が作られていないことを証明しなければなりません。この際に重要なことは、介入群と統制群の間の割り付けの方法です。例えば、男性は介入群に割り振り、女性は統制群に割り振るというような割り付けの仕方をしたとすれば、従属変数の差の原因が、独立変数なのか、性別（第三の変数）によるものなのかがわからなくなってしまいます。そのため、介入群と統制群には、独立変数の操作以外はまったく同一の条件を作ることが大事なのです。理想的には、実験に参加してくれるAさんのコピー人間を作り（コピーAさんとします）、Aさんは介入群、コピーAさんは統制群に割り付け、Bさんについてもコピー人間を作り、Bさんは介入群、コピーBさんは統制群に…といった形にできるのが理想的です（そうすれば、独立変数の操作以外、まったく同一になります）。しかし、人間を対象とした実験を行う場合、こうしたコピー人間／クローン人間を大量製造して行うなどということはできません。

そこで、実験参加者を介入群と統制群に**ランダム**に（無作為に）**割り付け**ます。数人であれば二つの群の間に偏りも出てしまうかもしれませんが、ある程度の人数をランダムに割り振っていけば、変な偏り（つまり第三の変数）が発生する確率はほとんどなくなるだろうと考えられます。

実験では、以上のような手続き／論理で因果関係を明確にしています。そしてこの三条件を明確にできるのは実験という手法のみです。だからこそ、実験は心理学研究における中心的な役割を果たすことができているのです。

◯ 実験結果の解釈上の注意点

実験は因果関係の推定において非常に強力な手法ではあるものの，必ずしも万能というわけではありません。また，その結果を読む時にも注意をしなければならない点はいくつかあります。皆さんは各実験のレポートを書く際に，考察という項目において，行った実験の限界や問題点について（問題点があるとすれば，その改善方法も）述べることになります。レポートを書く際は，以下に挙げる観点から実験を眺めてみることが大切です。

観点①：**操作的定義**の妥当性

例えばアッシュの実験では，同調圧力という目に見えないものを扱うための工夫をしていました。これを，操作的定義と言いました。しかし，その操作的定義がいつでも妥当なものなのか，特に，我々が日常生活で感じているところのものと本当に同一と言えるのか？ということについては，考慮の余地があります。

観点②：**内的妥当性**

内的妥当性とは，その実験においてなされている因果関係の推論がいかに妥当に行われているのか，ということです。例えば，介入群しか設定されておらず統制群がなければ，仮に介入の前後で従属変数に変化が生じていたとしても，それが実験介入による効果なのか，ただ単に時間が経過したことによって変化したのか，判別ができません。また，よく問題となるのは，群の割り付けの方法です。既に説明したように，実験における群の割り付け方法は，第三の変数をいかに除去するかという観点から考えた場合，非常に重要な意味を持ってきます。もちろん，ランダム割り付けだけが全てではないのですが，大事なことは，第三の変数が割り付けによって除去されていなければならないということです。

内的妥当性について考える際に，もう一つ大事な視点として，**プラセボ効果**の問題があります。プラセボというのは偽薬のことです。仮に真の薬効がない物質であっても，それを薬だと信じて飲むと，病を直すのに良い影響が生まれます。つまり，鰯の頭も信心から，というわけです。そのため，実験を行う時には被験者が自分が介入群に割り振られているのか，あるいは統制群に割り振られているのかを知らない状態を作らなければなりません。介入群にだけ何らかの処置を施すとそれが簡単にばれてしまいま

すから，統制群にも何らかの処置を施さなければなりません。新薬の治験で，介入群には新薬を飲ませ，統制群に何も飲ませなければ，自分が介入群に割り振られているのか，実験群に割り振られているのか，すぐにばれてしまいます。そのため，プラセボ，つまり偽薬を統制群には与えることになります。このような処置がしっかりとなされているのか，という点は注意が必要です。

観点③：**二重盲検**

　二重盲検という言葉が出てきましたが，その前に単盲検について理解する必要があります。単盲検とは，被験者が自分が介入群に割り振られているのか，あるいは統制群に割り振られているのかを知らない状態ということです（上述のプラセボ効果を防ぐためです）。二重盲検は，被験者のみならず，実験をその場で行っている者が，被験者がどちらの群に割り振られているのかを知らない状態ということになります（つまり，実験の企画者と，実際に実験を行う人を分ける必要があります）。なぜこのような手続きが必要なのかというと，実験者の持つ期待が，被験者の心理や行動に影響を与える場合があるからです。なお，この現象は**実験者効果**，**ピグマリオン効果（教師期待効果）**，**観察者バイアス**などと文脈によって色々な呼ばれ方をします。二重盲検がなされていない実験は，被験者や実験者の期待が結果に影響を与えたのか，それとも実験における独立変数の影響なのかが分離できていないということです。

観点④：**外的妥当性**

　これは，一般化可能性とも言われるものです。つまり，その実験で得られた結果が，どの程度まで一般的なものだと推論して良いのかには注意が必要だということです。例えば，大学生（若者）を対象にして行った実験の結果が，高齢者の心理や行動も説明できるかというと，必ずしもいつでもそれが可能というわけではないかもしれません（説明できる場合も，もちろんありますが）。

観点⑤：**生態学的妥当性**

　実験というものは多くの場合，人工的な環境の中で実施されます。だからこそ第三の変数を除去できるわけで，これは仕方のないことです。一方，人工的な環境，作られた状況の中で実施されるので，それが我々の日常の中での心理や行動をきちんと反映し，説明できているのかという点は常に

問題となります。

○ 実験の問題点

　繰り返しますが，実験は因果関係の推論という点で最も強力な手法であるものの，万能というわけではありません。実験に関わる問題点を以下に挙げていきます。

　第一に，実験はいつでもどこでもできるわけではありません。できるわけではない理由には様々なものが考えられますが，最も重要なことは倫理的に実施不可能なケースがあるということです。例えば，うつ病の発生機序に関する仮説を思いつき，うつ病の原因を突き止めるための実験をしたいと思うのであれば，研究参加者を集め，それをランダムに二群に割り付け，うつ病にさせるための処置を施した介入群と，その介入をしない統制群を作ることになります。その後の経過を観察していき，見事に介入群の参加者が続々とうつ病を発症すれば，仮説が正しかったことが明らかになるというわけです。しかし，当たり前のことですが，こんなことは倫理的に許されません。倫理的に許されないなんて当たり前のことではないかと思うかもしれませんが，歴史を見ると，どう考えても倫理的／人道的に許されないと我々が容易に理解できる類の実験が繰り返し行われてきています。有名なところですと，心理学の領域でも，過去にはチック（運動や音声が，繰り返し，突発的／不随意に出現する疾患）を人工的に作り出すという非人道的な実験が実施されたことがあります。

　第二に，どう考えても実験参加者が集まらないだろうと思われるような実験の実施も容易ではありません。例えば，第一子を帝王切開で出産した女性が，第二子を出産する際に，再度帝王切開をした方が安全なのか，あるいは自然分娩をした方が安全なのかを確かめるための実験をしたいとしましょう。この場合，第一子を帝王切開で出産し，第二子を妊娠中の女性を多数集め，実験に参加してもらい，第二子を帝王切開で出産するグループと，自然分娩をするグループの二つにランダムに分けて出産にのぞみ，その後の母子の生存率や子どもの発育状況を観察し，比較していくことになります。想像してもらいたいのですが，こんな実験に参加する人がどれだけいるでしょうか？（人生に数度しかない出産というイベントをどう

第
10
講

効果研究

するか，ランダムに決めてOKという人は，そういないでしょう…。）このような場合には，実験を実施するのではなく，丁寧に縦断的調査研究を行うことが最善の研究手法ということになります。

　このように実験は必ずしもいつでもどこでも使えるというわけではありません（これは実験だけではなく他の研究手法も同様です）。そのため，実験のみならず，調査（質問紙，面接），フィールドワーク（観察法）など他の様々な手法を習得していく必要があります。

⬡ 研究倫理

　これは実験のみの問題ではなく，全ての研究に共通の事項ですが，研究を実施する際には研究倫理を守らなければなりません。気をつけるべき点について，いくつか説明します。

　第一に重要なことは，研究に協力してくれた実験参加者を保護し，研究から受けるネガティブな影響の可能性を最小化しなければならないということです。心理学に関する研究では，実験参加者が物理的に危険な状況に置かれることはほとんどないでしょうが，心理的な影響を受ける可能性があります。この点については，気をつけておかなければなりません。

　第二に重要なことは，**インフォームド・コンセント**を得ることです。つまり，実験参加者がその研究に参加するか否かを決めるために必要なあらゆる情報を提供した上で，参加への同意を得て，その上で研究は実施しなければならないということです。また，研究参加に同意をした場合でも，参加の途中でそれを取りやめたり，実験終了後にデータを破棄するよう要求できることを説明することも大事です。そのため，研究者の連絡先情報も提供する必要があります。

　第三に重要なことは，ディブリーフィングの実施です。インフォームド・コンセントの話と一致しないのですが，研究目的を参加者に事前に知られることが研究結果に影響を与えうる時には，ディセプション（例：嘘の目的を伝える，情報の一部を隠しておく）を行う場合があります。このようにインフォームド・コンセントを得ることが徹底できなかった場合には，実験終了後に時間をとり，なぜディセプションが必要であったのかを説明し，納得をしてもらうことが大事です。

第四に重要なことは，匿名性の保持とデータ管理についてです。研究に参加した個人が特定されるようなことがあっては絶対になりません。そのため，個人が特定されうる情報は論文を公表する際にも含めてはいけません（提出するレポートについても同様です）。また，データが記録された紙の資料や記憶媒体の保管についても，十分留意して行う必要があります。

おわりに

本講では，因果関係の推定の頑健さの階層性の話，システマティック・レビューによって対象を収集したメタ分析が大事になってくること，メタ分析の対象となる実験とはどのようなものなのか，なぜ実験が因果関係の推定において決定的な役割を果たすのか，といった点について見てきました。心理療法の効果を検討するための実験的研究は非常に重要なものであり，日本ではまだまだ実施数が少ない状況が続いていますが，今後，臨床現場と研究者が協働し，こうした研究を増やしていく必要があります。

✓ **理解度チェック課題**

☐問1 **基礎** 因果関係が明らかになったといえる条件を説明しなさい。また，その条件を揃えるための研究手法である実験の手順とポイントについて説明しなさい。

☐問2 **応用** あなたが未知の心理療法の名前を耳にし，特定の精神疾患の治療に使えるか否か，疑問を持ったとしよう。あなたなら，どのような手続きを経て，その疑問への答えを出すだろうか？具体的に説明しなさい。

コラム❻ 偉人の実際を知ってみよう

　教科書に名前が出てくるような「立派な」研究者の実際の姿がどのようなものだったのかということを知ってみると，学問はもっと面白くなると思います。ここでは，興味深い例を二つほど紹介してみます。

　臨床心理学の効果研究の話の中では必ず，アイゼンク（Hans Eysenck, 1916-1997）の名前が出てきます。アイゼンクは行動療法の立場から精神分析の実証性について批判を行い，神経症患者への治療効果について精神分析の実施は未治療の場合に劣ると主張しました。アイゼンクは精神分析の非科学性について苛烈な批判を行いましたが…。彼が没してから20年ほどした2019年，アイゼンクが長年教授を務めたキングス・カレッジ・ロンドンの調査委員会は，アイゼンクの関わった大量の論文が「安全ではない（unsafe）」と結論し，各種学術誌に懸念を通達しました。その後，大量の論文が撤回されるに至っています。精神分析の科学性を批判しながら研究不正を行い，それが死後暴かれたわけです。

　おそらく皆さんにも馴染み深い名前であるアスペルガー（Hans Asperger, 1906-1980）についても簡単に取り上げておきます。アスペルガーはもちろん「アスペルガー症候群」のアスペルガーです。なお，アスペルガー症候群という名前は，イギリスの精神科医ローナ・ウィングがアスペルガーに敬意を表してつけた名前であり，アスペルガー自身が命名したものではありません。アスペルガーはオーストリアの小児科医で，今でいう自閉スペクトラム症の中に，知的に障害されず特殊な才能を開花させる者がいることを第二次世界大戦前に見出し，研究対象としていました。しかし戦後はほとんどこの研究を発展させることはありませんでした（だからこそ，イギリス人のウィングがその業績を再発見するわけです）。この概念は広く認知されるに至り，1994年のDSM-IVの改定の際，アスペルガー症候群は病名としてDSMに採用されました。そして，近年になり，アスペルガーがナチスに協力し，少なくない数の障害のある子どもを「子どもが必ず肺炎で亡くなる施設」に送っていたことが明らかになってきました（ナチスは優生学的思想の元，断種法などを定めていました）。

　こうした「偉大な」研究人生が幸福と言えるのか否か，考えさせられます。

補講 **2**

論文入手の基礎知識

メタ分析やその元となる実験の重要性の話をしましたが，こうした論文はいずれも学術雑誌に掲載されています。そのため，最新の情報を得るためには，我々は学術論文を読む必要があります（本じゃないですよ！）。既に説明したように，実験（やメタ分析）を読み解く際には，研究方法に関する知識が必要です。また，論文が出版される形態や過程について知っておくことも，助けになります。

論文の種類：内容的側面から

雑誌に掲載される論文にはいくつかの種類があります。一般的に，最もオリジナリティが高いものとして評価を受けるのが，原著論文（*Original Article*）と呼ばれるものです。さらに，各雑誌には，原著ほどのオリジナリティはないが，出版に値するものとして，資料とか短報とか，そういった名前で呼ばれるカテゴリーの論文があります。これらの研究とは種類の異なるものとして，展望論文があります。展望論文とは，主にある一つの領域の原著や資料の結果をまとめたものを指します。ある領域に関する知見がわかりやすくまとめられているので，大変重宝します。皆さんが卒論を書く際には，まっさきに自分の興味のある領域の展望論文を探すことになります。日本語では，自分の興味関心のある領域の展望論文はない可能性もありますが，英語で探す限り，展望論文がない領域はありません。もし，いくら探しても見つからない場合，その領域は世界の最先端であるか，あるいは誰も見向きもしない領域，ということになります。

ちょっと話はそれるのですが，想像してみて下さい。現在のところ日本語の読み書きができる人類はせいぜい1億人ちょっとです。一方で，英語はその10倍どころではありません。いいか悪いかはさておき，世界の共通言語です。そのため，世界中で作られる最新の情報・知識（自然科学・社会科学の論文）は，基本的には英語で公表されます。私程度の人間でも，何かこれは発見があったぞ！と思えば，英語で論文を書くわけです。だって，日本語で書いても読める人は限られていますが，英語で書けば世界中の人が読んでくれる可能性があるわけで，そうすればやはり日本語ではなく英語で書こうという気になります。

そのため，日本語で検索しても出てこない情報が，英語で調べると多数

出てくるというのは，珍しくないことです。皆さんの中には，これまで何のために英語や外国語を勉強するんだよ？と思ってきた人もいるだろうと思います（私も昔はそう思っていました）。しかし，英語を勉強することには，このように多大な意味があります。もちろん，現在では自動翻訳の精度も向上しているのでそれを使うこともできます。だからこそ，皆さんは英語の勉強をしっかりと続けていくとともに，英語で情報検索を行う習慣を作っていく必要があります。

論文の種類：
出版までのプロセスの側面から

　次に，どのような流れでその論文が出版されているのか，という側面から論文の種類を確認します。大事な点は，その論文が「査読」(*Peer Review*／*Refereeing*) をされたものかどうか，ということです。

　査読とは，研究者仲間（同じ領域の専門家）が，その論文の内容を読み，出版に値するものかどうかを審査することです。査読ありの論文は，その論文が世に出る前に，複数（2〜5人程度）の査読者がその内容を吟味しているということになります。つまり，査読がなされた上で出版されている論文は，そうでないものに比べて，内容に新規性や信頼性があるということになります。その論文が査読を経ているかどうかは，掲載雑誌の投稿規定を読めばわかります。一般的に，学会誌・商業誌の原著・資料・展望論文は査読をされているものと思って良いと思います（稀にそうでないものもありますが）。反対に，○○大学紀要，などといったものに掲載されているものは，十分な査読がされていないものが多いと思って下さい。

　また，同じ査読あり，と言っても，雑誌によってその厳しさには差があります。投稿された論文のうち，査読の結果90%掲載される雑誌と，10%掲載される雑誌があったとしたら，果たしてどちらの方が厳選された論文と言えるでしょうか？　当然，後者の方が厳選されているので，価値のある論文が掲載される可能性が高い雑誌だと言うことができるでしょう。もちろん，査読のない雑誌や査読のゆるい雑誌に掲載されている論文の質が必ずしも低いわけではなく，最終的には自分で読んで判断するのですが，読む前に良い論文である確率を高める作業のようなものだと思って下さ

い。どうせ読むのであれば，良い情報に触れたいというのが人情というものです。そのため，論文を読む際には，「査読」というプロセスの有無，そのプロセスの厳格さに気をつけるべきなのです。

　査読という制度は論文の質を高める点で効果的ではありますが，問題がないわけではありません。それは，時間がかかるということです。当たり前のことですが，著者が論文を書き上げて公表するだけの方が圧倒的に早いものです。雑誌や領域にもよりますが，一般に査読には数週間から数年（！）単位の時間がかかります。そのため，査読をしていると，論文の公表が遅くなるという問題が発生します。例えば，今般の新型コロナウイルスに関する研究のようなものを想像すれば，じっくりと質を高めるだけではなく，多少質は低くとも速報性を重視して，情報をどんどん公開していくことが求められるという場合もあります。その場合には，論文は，まず，プレプリント・サーバーに保存されるという形で公開されます（プレプリントとは，日本語に直すと査読前原稿ということになります。つまり，その後に査読をゆっくり受けるということです）。査読の有無と速報性には両立しがたい側面があり，公開の手段が異なる場合がある，ということも覚えておきましょう。

論文の質とは？：
雑誌そのものの評価と関連して

　ところで，「質の良い」論文とはどのようなものでしょうか？　こればかりは，結局のところ自分で論文を読んでみるまではわからないものです…。実際のところ，査読をされていない論文にも素晴らしいもの，重要なものもありますし，査読がされていてもいまいちな論文もあります。そもそも，心理学の知識を身につける意義とはなんでしょうか。私は，「質の良い」「信頼できる」知識・知見がどのようなものなのかを自分自身で見極めることができるようになり，曖昧な知識や疑似科学に騙されないように生きていけるようになることが一つあるのではないかと思います。そのために，皆さんは統計の勉強をし，心理学の実験を受け，自ら論文を書いてみるわけです。それによって，自分でその論文の「質」がわかるようになってきます。

とはいえ，やはりどうせ読むのであれば，最初から良い論文を手に入れて読みたいものです。その指標となるものに，被引用回数や，インパクト・ファクターという概念があります。

被引用回数とは，その論文が他の研究者からどれだけ引用されているのか，を表しています。もちろん，引用される回数が多い論文ほど良い論文の可能性が高いだろうと考えられます（批判の対象となっているものの可能性もありますが…）。

インパクト・ファクターとは，特定の雑誌の影響力を図る数値のことです。「○○○（雑誌名）　impact factor」などと検索すれば，その雑誌のインパクト・ファクターはすぐにわかります。ただし，これは日本語雑誌の話ではなく，英語雑誌の話です。インパクト・ファクターとは，特定の期間においてその雑誌に掲載された論文の引用回数の平均のようなものです。つまり，インパクト・ファクターの高い雑誌は，引用されている頻度が高い＝人目につきやすい論文が多く掲載されている，といったことが推測されます。また，一般的にインパクト・ファクターの高い雑誌の方が，査読のプロセスが厳しいということもできます。

論文を収集する方法

論文を収集する際は，まず，インターネット上の検索機能を使って，欲しい論文を探すところから始めます。日本語の論文であればまずCiniiを，英語であればいろいろな検索サイトがありますが，Google Scholarなどを使ってみるといいでしょう。

目当ての論文が見つかったら，そのままPDFファイルで入手できることもあります。そうでない場合は，図書館に行って，その雑誌を手に入れる必要があるでしょう。どうすればその論文が手に入るかわからない時は，図書館の司書に聞いてみましょう。親切に教えてくれるはずです。

さて，ここで一つ重要な話をしておきたいと思います。ネット上で論文のPDFを入手しようと思った場合，大学内からアクセスするのと，自宅などからアクセスするのとではまったく入手できるものの種類が異なる場合があります。自宅からでは入手できないものが，大学内からであればアクセスできる可能性が高まります。なるべく大学内のLANからアクセスす

るようにしましょう。

　また，昨今ではオープンアクセス（*Open Access : OA*）という流れが加速しています。OAとは，学術雑誌に掲載された論文をネットを通じて誰もが無料で閲覧可能なようにする，ということです。論文に関するページにこの文字を見つけたら，それはただで入手できる，ということです。

　今までは，学会誌であればその学会の学会員（が払っている会費）が，商業誌であれば出版社がその論文を出版するまでのプロセスで必要となる経費を負担していたわけです。そのため，閲覧するのにも閲覧者からお金を取らないと，費用が回収できませんでした。それが，雑誌に論文を掲載する際の費用を多めに投稿者（研究者）から徴収し，その代わりに読者は無料で読むことができる，という流れに変わってきました。今では良い論文が無料でどんどん読めるようになっています。そのためにも，皆さんは英語力を高めていく必要があるのです。英語が読めれば，世界の最先端の知識がネット一つで手に入るようになります。

　また，論文が欲しい場合，書いた研究者にメールをするのも一つの手です。相手のメールアドレスがわからなくても大丈夫です。メールアドレスなんて，ネットで執筆者の名前をアルファベットで打って，それに「mail」とか「ac. jp」とかを組み合わせて検索すればだいたい出てきます。相手の所属先もわかっていれば，そこから推測することもできると思います。もちろん，なんでもかんでも「下さい」と言えばいいというわけではありません。相手のことを丹念に調べ，もらいたいものについても丹念に調べ（ネットで入手可能な論文を下さいと言ったりすることがないように），それが欲しい理由を丁寧に説明しましょう。「あなたの書いた論文が読みたいので下さい」と言われて悪い気がする研究者はいませんし，私の経験では，ほとんどの人は喜んですぐに送ってくれます（笑）。ただし，お願いをするわけですから，メールを書く際の一般的なマナーは忘れないで下さい。

さいごに：論文の構造

　論文を入手したら読んでみましょう。どのような言語であれ，一般的な自然科学／社会科学の論文というものの構造はそれほど大きくは変わりません。論文の構造（どこに何が書かれているのか）をおさえておけば，論

文はグッと読みやすくなります。一般的に，論文は「問題・目的」「方法」「結果」「考察」の4つのパートに分かれています。各パートがどのような機能を果たしているのかについて説明をすると，以下のようになります。

　問題・目的（Introduction）は，その論文で扱われているテーマに関する先行研究の説明とその研究の目的を説明するパートです。概ね，自らの論文において扱う内容の先行研究の概要，先行研究の問題点の指摘，問題点の解決策の提示（つまり，当該論文で先行研究をどのように乗り越えていくのかを示す），研究の目的の説明，という流れで進んでいきます。

　方法（Methods）は，研究の実施方法を説明するパートです。概ね，研究デザイン，実験や調査で用いられた用具等の説明，研究参加者のリクルート方法，統計的分析の実施方法，といった項目が説明されていきます。

　結果（Results）は，研究方法に基づいて出された結果を淡々と記述していくパートです。概ね，研究参加者の概要，各指標の記述統計量の説明，統計的分析で示された分析の結果，といった順で様々な数値が提示されていきます。

　考察（Discussion）は，結果について筆者が論理的に考えたことが述べられるパートです。本研究の主要な結果（仮説が支持されたか否か），その研究テーマの中での本研究の位置づけや先行研究との比較，本研究の長所と問題点の提示，今後の展望，といった順で話が進んでいきます。

　もちろん，この通りの順番ではない論文もありますが，ここに書かれた項目は，心理学の論文において必要な項目ですので，どこかには書いてあるはずです。逆に言えば，こうしたことしか書いていないわけですから，自分が論文を読む時にも，この中のどこを読んでいるのかを意識しながら読めば，専門用語が飛び交う論文も読みやすくなるはずです。この形式は，効率的なコミュニケーションと科学的進展（積み重ね）のために作られたフォーマットであり，基本的に順守していく必要があるものです。皆さんが卒業論文などを書く際にも，当然このフォーマットに沿って内容を組み立てていくことになります。

　これで論文を探し，読むための下準備は概ね整いました。ようこそ，研究の世界へ！　早速自分の興味のある言葉を検索し，論文を探して読んでみましょう。

コラム❼ 心の異常や病気は悪いもの？

　一般的に，病気（や異常）というものは悪いもので，我々にとって不要なものでもあり，なければそれに越したことがないものとして認識されているのではないでしょうか。確かに，健康は我々にとって非常に重要なものであり，風邪なんて引かない方がいいと思うのは当然のことです。しかし，我々の心の不調も同じように，不要なものであり，我々から排除すべきものと考えて良いものでしょうか？

　例えば，不安感について考えてみましょう。不安感は我々にとって不要なものでしょうか？　そんなことはないはずです。仮に，不安感をまったく感じない人を想像してみましょう。授業のレポートの提出期限が差し迫ってきているというのに，まったく不安に思わない大学生がいたとしたら，どうなるでしょうか？　こうした例からもわかるように，不安は我々人間にとって必要なものです。不安感がまったくない人間がいたとしたら，それはそれでまずいわけです。もちろん，不安感が病的に強すぎてしまえば問題がありますが，まったくないのも問題なのです。つまり，これは程度の問題であり，適度な不安は機能的／適応的だということです。このように，適度な病的兆候は人間にとって必要なものです。

　抑うつ感は身体を休めるために必要かもしれません。躁状態や多動・不注意は新しいことを始めて挑戦する際に必要かもしれません。強迫性は作品の完成度を高めます。コロナ禍になってよくわかりますが，一般的に「暗い」と言われる性格は（他者とのコミュニケーションへの興味のなさは），こういう時にこそ効果を発揮します（私もそうですが，一人でいても寂しくない人間は，感染症にかかりづらいですね）。

　ある時代・ある地域社会の中で適応的で役に立った心的特性は，別の時代・別の地域で不適応を生み出す元となります。要するに，こうした問題は程度の問題であり，絶対的に良い／悪い心理的特性というものは存在しないということです。

　こうした視点で病気を眺めてみれば，それを受け入れやすくなったり，病気を抱えている人の見え方も変わったりするのではないでしょうか。

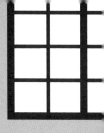

第
11
講

心理的アセスメント1：心理検査

　本講から3回の講義のテーマは「**心理的アセスメント**」です（全体の中での位置づけは図1-1参照）。その目的は, 心理的アセスメントの理論・技法について理解を深めることになります。これまで, 主に心理療法の理論の話をしてきましたが, 心理臨床実践においてはまず, 相談者の話を聞きながらアセスメントを行うことになります（クライエント中心療法的な考えでは, 特に必要ないことになりますが）。心理臨床実践は通常, 初回面接においてアセスメントが実施されます。つまり, 相談に来た人がどのような状態にあり, なぜそのような状態であり続けているのか, ということについてセラピストが仮説を立てるということです。専門用語では, **見立て**を立てるとか, **ケース・フォーミュレーション**をするとか, まぁそんな感じの言葉で呼ばれますが, 指し示している内容はだいたい同じです。

　そして, この作業仮説に従って, 介入プランを考えて, 説明し, 合意が得られたら介入するという流れで治療は進んでいきます（**図11-1**）。もちろん, 介入をしても1回でうまくいくとは限りません。原因に関する仮説を立てた上で介入を行うわけですが, うまくいかなければまた仮説を立て直し, 別の方法で介入をするという流れを繰り返します。もちろん, 介入がうまくいき, 病気が治ったり, 現実に適応できるようになれば, 終結[1], という流れになります。

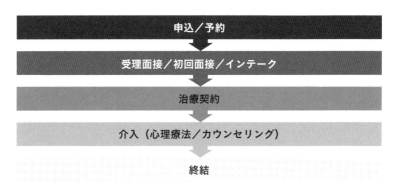

図11-1　治療の流れ

---

[1]どうすれば終結になるのか, 「あなたの心はまだ治ってませんよ」などと言えば, 永遠に治療をし続ける（お金を払わせ続ける）ことができるのではないか？というのはよくある質問です。こうした問題が発生しないように, 治療契約の際に, 支援者の見立て, 見立てに応じた介入の方法を説明し, 理解してもらった上で, 何をするのかということを合意します。

172

このアセスメントという作業は通常，**面接法**，**観察法**，**検査法**を用いて多様なデータを収集しながら行われます。

　面接法とは，会話を通じて情報を得ることを指しています。面接法は大きく，**非構造化面接法**，**半構造化面接法**，**構造化面接法**に分かれます。構造化面接とは，質問内容が一言一句決まっているような面接の方法です。一方で，非構造化面接とは構造化されていない面接のことですから，質問内容などが事前に決められているわけではなく，その場の流れに応じて自由に質問をしながら面接を進めていく手法になります。半構造化面接は文字通り，半分だけ構造化されているということですから，ある程度質問をする内容は決まっていますが，流れに応じて自由に質問を加えていくといった形になります。つまり，全てがガチガチに決まっているわけではないという対話方法ということになります。アセスメントを行う受理面接では，聞くべきことについてはある程度決まっています（例：主訴，来談経路，現在の症状，現病歴，生活歴，家族構造）。ですから，基本的には半構造化面接に近い形態になります。

　観察法とは，相談者の行動を見ることによって情報を得ることです。会話で得られる言語的な情報以外にも，その人を見ることによって得られる非言語的な情報は多数あります。例えば，カウンセリング室に入室してくる際にも，身なりは整っているのか，化粧をする元気はあるか，おどおどした喋り方になっていないか，顔色や体型などなど…。観察によって得られる情報は多数あります。このような相談場面のみならず，相談者が生活している場にその様子を観察しに行くこともあります（例：スクールカウンセラーが，落ち着きがないと相談された生徒が授業を受けている様子を見に行く）。

　検査法とは，何らかの課題を課し，その遂行状況から情報を得る方法です。本講では特に，この検査法について扱います。

---

❷会話をする時の態度としては，クライエント中心療法の講義で説明したような共感的な態度が基本となります。そのため，ここではこの点について繰り返すことはしません。

❸初回面接，インテーク，インテーク面接などとも言います。

❹しかしながら，残念なことに，現状では行動観察の方法が体系的にトレーニングされているとは言い難く，その方法論も十分に理論化されているわけではありません（それ故に，教科書の中でも扱いづらいという問題があります）。

検査法の分類

　検査の方法は，アセスメント様式によって分類する方法とアセスメント対象によって分類する方法があります。アセスメント様式による分類では，**投映法**，**質問紙法**，**作業検査法**，といった形で分類することができます。また，アセスメント対象による分類では，**知能検査**，**発達検査**，**人格／性格検査**，認知症関係の心理検査，その他の**神経心理学的検査**（**認知機能検査**）といった形で分類することができます。つまり，同じ性格検査であっても，質問紙法で行うものもあれば，投映法で行うものもあるということになります。

　心理職として現場に出る頃には，代表的な心理検査の概要は理解しており，一通り触ったことがあり，いくつかの検査（自分が働く領域において使用頻度の高い検査）については扱いに習熟しているという状態が目指されるべきだと思います。あらゆる検査について十分に使いこなせるという状態は，よほどの「検査マニア」でもない限り，なる必要もありませんし，なれないかと思います。公認心理師資格の取得過程においては，学部では「心理的アセスメント」，大学院では「心理的アセスメントに関する理論と実践」という授業があり，個別の心理検査の扱いにまで踏み込んだ授業が行われます❺。こうした授業の受講に向けた下地作りとして，各種検査がどのようなものなのかということを説明していきたいと思います。

アセスメント様式による分類

①投映法

　投映法の発想は，太古からあるものだと言ってよいでしょう。古代律令国家では，国家の大事を占う方法の一つとして，亀卜という手法が採用されていたそうです。昔は，亀の甲羅を入手し，乾燥，整形した後に，それを焼いて，焼き目・甲羅の割れ方から，国家の大事の行方を占っていました。例えば，今年は豊作になるのか，今戦争を仕掛けたら勝てるのか否か

---

❺私の知識・技術の問題である可能性も捨てきれませんが，個別の心理検査（例：WISC）の内容をテキストのみで説明しても，実態を理解することは難しいと思います。検査はやはり，自分が受け，実施してみてこそ，どのようなものかを理解し，覚えることができるようになると思われます。

といったことが本来知りたいことですが，その本来知りたいこと（この場合は，未来）を我々が直接観察することはできません。そこで，媒介物（この場合，焼かれた亀の甲羅）に未来が映し出されると仮定し，直接観察することはできない本来知りたいことの代わりに，実際に目に見える媒介物の方を観察し，読み解くということです。

投映法検査はこの発想を用いたものです（**図11-2**）。心理検査の場合，本来知りたいものは，相談者の心の内ですが，それは直接的に観察することはできません。そのため，検査用具という媒介物を用いて，それへの反応を直接観察することを通じて，本来知りたいことである心の内に分け入っていく，ということです。

投映法検査は媒介物に何を用いて，どのように心を投映させるのかによって，さらにいくつかに分類することができます（媒介物は必ずしも亀の甲羅や水晶玉でなくて良いというわけです）。**連想法**の代表である**ロールシャッハ・テスト**では，左右対称のインクの染みのような図版を見せて，その図版が何に見えるのかを答えてもらいます。**完成法**の代表である**P-Fスタディ**（*Picture Frustration Study*）では，フラストレーションがたまるような

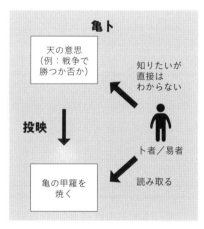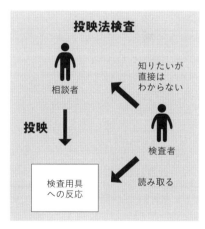

図11-2　古代の占いと投映法のロジックの比較

❻望ましいことではありませんが，「ロールシャッハ・テスト」という語を用いてgoogleで画像検索をすれば，どのような図版が用いられるのかは簡単に調べることができます。以降，色々な検査の名称が出てきますが，興味がある人は適当に画像検索をしてみて下さい。なお，このような状況ではありますが，本来，こうした検査を公衆の目にさらすことは，専門家としての倫理綱領に違反する行為です（アップロードしているのが公認心理師や臨床心理士といった専門家でなければ，倫理綱領の対象にもなりませんが）。

場面の描かれた漫画のコマのようなものの吹き出しに，どのような発話を入れるかを質問し，それへの反応を検査の対象とします。また，**文章完成法**の一種である**SCT**（*Sentence completion technique*）では，「私はよく人から，○○○○」といった未完成の文章を提示され，そこに当てはまる文章を考えるよう求められます。**構成法**である**TAT**（*Thematic Apperception Test*）では，様々に解釈できそうな絵を見せられ，その絵を元に物語を作る（構成する）ことが求められます。**描画法**には様々なものがありますが，代表例である**バウム・テスト**では，木の絵を書くことが求められます（その木に自己が投映されているというわけです）。

②質問紙法

　検査の発想は基本的に投映法で説明したような発想が根本にあります。つまり，目に直接見えないものを，検査器具（媒介物）を使って見えるようにするということです。投映法の場合，基本的には目に見えるものにしたとしても，それは言語での報告であったり（例：SCT），絵であったり（例：バウム・テスト）して，読み取る人の読み取り方によって，様々に解釈できてしまうという問題が発生します。

　このような曖昧さを解消しようとしたのが質問紙法という検査です。質問紙法では，あらかじめ決められた質問項目に対して，決められた答えの中から最も当てはまるものを選択するような形式が一般的です。例えば，「神経過敏に感じましたか」という質問に対して，いつも（4点），たいてい（3点），ときどき（2点），少しだけ（1点），まったくない（0点）の中の5つの回答から一つを選ぶ，といった感じです。選択した項目をどのように数値化するかは予め厳密に定められているため，投映法のように，読み取る人によって解釈が変わるといったことは起こりえません。

　ならば質問紙法の方が良いのかというと，物事は必ずしもそう単純ではありません。ごく簡単に言えば，投映法で嘘をつくのは難しいですが，質問紙法では簡単に嘘がつけます。インクの染みを見せられて，「これが何に

---

❼描画法については，投映法の一種というよりは，独立したものとしてとらえる人も多いかもしれません。というのは，風景構成法（画用紙に枠づけを行った後，川，山，田，道，家，木，人，花，生き物，石をこの順で描き込み風景を構成します）のように，単なる検査というだけではなく，一種の治療技法としても用いる場面があるからです。

❽このような問題を最小化するために，一部の投映法（例：ロールシャッハ・テストにおけるエクスナー法）ではより体系的な採点手法が開発されています。

❾これは，K6という一般的な精神健康度を測定する質問紙の最初の質問です。

見えるか？」と質問されたら，どう答えるとどういう人間だと思われるのか，普通の人には皆目見当がつきません。一方で，「神経過敏に感じましたか」に「いつも」と答えたら，こいつは神経質で精神的健康度が低そうだと思われる，ということは誰の目にも明らかです。そう思われたくない人であれば，嘘をついて「まったくない」を選ぶことができます。また，ここまであからさまな嘘でなくとも，人間はついつい良く見られたいと思ってしまうので，意図せずに（無意識的に）嘘をついてしまうこともあります。社会的に望ましい回答をついつい選んでしまうということです。例えば，「あなたは人種差別的ですか？」と質問されて，「はい」と答える人はそう多くはないはずです。仮に，ネット上でヘイトスピーチを垂れ流しているアカウントをフォローして楽しんでいる人でも「いいえ」と答えてしまうのではないでしょうか。

　このように，それぞれの検査には良いところもあれば，悪いところもあります。そのため，検査の際には，複数の異なる種類の検査を組み合わせて用いて，多面的にその人のことをとらえるということがよく行われます。このような検査の仕方を**テスト・バッテリー**を組むといいます。[10]

③作業検査法

　作業検査法とは，被検査者に簡単な作業を課し，その作業量や作業過程に関する分析を行うものです。作業といっても色々なものがありますが，代表的なものとしては，**内田クレペリン作業検査**があります。これは，一桁の数の単純加算という作業をひたすら行わせるものです。どのくらいかというと，1分1行として，15分を2セット（間に5分の休憩があります）実施します。作業の正確さ，作業量，作業量の時間的推移が定型曲線からどのようにずれるかといった観点から分析が実施されます。知的能力，集中力の継続といったこともある程度は把握できるため，就職活動の際に課されるといった場合もあるようです。**ベンダー・ゲシュタルト・テスト**では，9枚の簡単な幾何学図形を模写するという作業が課されます。模写の

---

[10]改めてまとめておくと，投映法は回答を意図的に操作をすることが難しいという利点がある一方で，検査をされる側の心理的負担が大きく，検査結果の整理が煩雑で，検査の信頼性と妥当性が低いという問題を抱えています。一方で質問紙法は（コンピューターの発達のお陰で）結果の整理が容易で，検査も比較的簡便に済むという利点があります。信頼性と妥当性も十分に確認された検査も多いのも良い点です。しかしながら，回答者が善意で正しく答えることが前提となっており，意図的な回答の欺瞞には弱いという問題点もあります。

結果から，視覚／運動機能の発達の程度，器質的な脳障害の有無，性格の傾向などの情報を得ることができます。アセスメント対象による分類で考えると，発達検査，人格／性格検査，神経心理学的検査としても用いることができるということです。

⸬⸬アセスメント対象による分類

①知能検査・発達検査

　次に，アセスメント対象による分類に移ります。アセスメント対象別の検査では，やはり，知能検査というものを第一に取り上げる必要があるかと思います。知能検査は心理検査の王道中の王道であり，最も長い歴史を持っています。現在，有名な知能検査には**ビネー式**のものと，**ウェクスラー式**のものとがありますが，ビネー式が最初に作られた知能検査です。

　ビネー式の知能検査は，アルフレッド・ビネー（*Alfred Binet, 1857-1911*）らによって1905年に開発された知能検査です。すでに説明したことではありますが，その背景には，近代化・帝国主義・国民皆学（初等教育制度の整備）があります。近代の帝国主義の時代に入ると，(日本的に言えば）列強は富国強兵・殖産興業のため，国民皆学を目指しました。そのためには，集団で授業を行う必要がありますが，集団教育を行う場合，集団の知能はある程度一定でなければなりません（授業を受ける人たちの知的レベルがバラバラな場合，どこに焦点を絞っていいかわからなくなってしまうからです）。そのような集団教育についていけない子どもは確率的に一定程度存在しますから，こうした児童生徒に今でいうところの特別支援教育を受けさせるため（つまり，集団からより分けるため），知能検査が必要になったという時代背景があります。

　当初のビネー式の検査は，問題を難易度順に並べ（30問），どのレベルまで正解できたかを確認することによって，初等教育を集団で受けることができるか否かを判断することに用いられました。その後の改定により，「**精神年齢**」という概念が取り入れられるようになっていきます。精神年齢

---

❶ちなみに，1905年のビネー式検査の最初の問題は，凝視（燃えているマッチを子どもの目の前で左右に動かして，子どもの目と頭の動きを観察し，追視ができるかを確認する）で，最後の問題は，抽象語の定義（例：尊敬と友情の相違点を述べよ）だったそうです。

とは，同じ文化に属する同一年齢集団の子どもに問題を解かせて，多くの子どもが正解できる問題をその精神年齢のベンチマークとする考え方です。例えば，日本人の6歳の子どもの75％が正答可能な問題を解けた子どもを精神年齢6歳とする，というような感じです。その後，1916年にスタンフォード大学のターマン(*Lewis Madison Terman, 1877-1956*)がアメリカ人用に標準化を行った**スタンフォード・ビネー検査**から，**知能指数**（IQ＝精神年齢／生活年齢×100）が用いられるようになり，我々が馴染んでいるところのIQという考え方が出てきます。⓬

　当初のビネー式検査は，単一知能／一般知能説を採用していました。そのため，知能が単一の因子からではなく，複数の因子からなるという考えが強まってからは，知能を多面的に捉える検査が必要となりました。⓭こうした要請に応えたのが，ウェクスラー式の知能検査です。当初のウェクスラー式の知能検査では，全検査IQと，その下位領域として言語性検査IQ(*VIQ*)と**動作性検査IQ**(*PIQ*)の2種類のIQを算出することが可能でした。最新のWAIS-4(*Wechsler Adult Intelligence Scale-4th edition*)では，上記のIQの他に4つの群指数（言語理解，知覚推理，ワーキングメモリー，処理速度）を算出することが可能となっています。こうした知能の下位機能ごとの特徴を明らかにしておくと，単に知能が低い／高いというだけでなく，仮に低かった場合にも，○○が弱いが△△は普通，といった情報が得られるわけで，臨床的には非常に大きな意味があります。こうした流れを受け，当初は単一知能を前提としていたビネー式の検査も方向を転換し，ウェクスラー式と同様，下位機能ごとの状態の評価ができるように変化していっています。知能観が変われば当然検査も変わってしまうわけですから，今後も，知能検査の形は変わり続けるものと思われます。

　発達検査は，発達の状況を検査するもので，当初のビネー式のように精神年齢を算出するものと類似のイメージを持てば良いでしょう。実際，発達検査と知能検査とでは非常に似通った課題が検査の一部として採用されています。発達検査が知能検査と異なる点は，①発達検査の方がより低年

⓬第1講「臨床心理学の発展に対する社会的影響」(p. 18) 参照。

⓭キャッテル（Raymond Cattell, 1905-1998年）による知能の複数因子説，特に因子分析の手法を用いた結晶性知能と流動性知能という概念の提唱が最も大きな影響を及ぼしました。ウェクスラー式の言語性検査IQは結晶性知能に，動作性検査IQは流動性知能に概ね対応していると考えて良いでしょう。

齢の子どもに適用されるものであり，②知能以外の発達も検査対象となっている（例：運動能力）という点です。

②人格／性格検査

我々が一般的に「性格」と呼んでいるものの研究や測定は心理学の花形ではあるものの，臨床場面においての出番はそれほど多くはありません。というのも，そもそも性格はよほど極端なものでもない限り病的／異常なものと見なすことは難しいからです。もちろん，パーソナリティ障害という概念はありますが，それも文化間での齟齬などが発生する難しい概念です。人格・性格検査の背後には，当然，人格や性格をどうとらえるのか（**類型論** vs **特性論**，**一貫性論争**）といった知識が必要となりますから，まずは，「感情・人格心理学」といった授業を受講し，基礎的な知識を蓄えることが重要となります。

③神経心理学的検査（認知機能検査）

神経心理学的検査の代表例は，認知症のアセスメントに用いる検査です。認知症って心理の仕事と関係あるの？と思う人もいるかもしれませんが，バリバリ関係があります。認知症とは，いったん正常に発達した精神機能・認知機能（例：記憶，注意）が，何らかの理由により慢性的に減退・消失した結果，日常生活を営めなくなった状態のことを指しています。それ故に，心理学領域における認知症の検査は，知能検査に近い形態をとります。改訂長谷川式簡易知能評価スケール（**HDS-R**）や **MMSE**（*Mini Mental State Examination*）といった検査が有名ですが，内容はかなり似通っています。その日の年月日や曜日を聞いたり，今いる場所の認識を聞いたり，3つの

⓮そのため，本人に課題の遂行を求めるのではなく（知能検査は本人に課題を課しますが），親などの養育者が観察して課題の達成状況を評価するようなタイプの検査（例：津守・稲毛式 乳幼児精神発達診断）も存在します。

⓯ここでは踏み込んだ議論はしませんが，性格（Character），人格（Personality）／パーソナリティ，気質（temperament）といった我々が日常語で「性格」と呼んでいるものを表す専門用語にはそれなりの使い分けの方法があります。性格（Character）は，比較的変化しにくいもの／生得的なものといった意味あいがあります。人格（Personality）／パーソナリティは，後天的なもの，社会的に作られた環境に適応するための特徴といった意味があります。気質（temperament）はこれらの根底にある基礎的・生物学的なものといった意味があります。また，人格という用語は，日本語では価値が含まれる場合があるため（例：人格者），パーソナリティとカタカナ表記される場合がある，といったこともあります。ここでは，わかりやすさを重視し，人格・性格と併記しています。

⓰例えば，一般的に控えめな日本人集団の中で，平均的な陽気な／積極的な（？）アメリカ人のように振る舞ったら悪目立ちをし，不適応を起こすかもしれませんが，アメリカで同様のことをしても不適応は起こらないといったケースを考えてみれば，性格の異常さ／極端さは文化普遍的ではない，ということが理解できるかと思います。

言葉（例：桜，猫，電車）を記憶させたり，暗算で100から順に7を引くように指示したり，といった形で，認知機能の程度を評価していきます。

こうした認知症のアセスメントのみならず，高次脳機能障害のアセスメントに用いられる神経心理学的検査にも様々なものがあります。その例を**表11-1**に挙げました。これら全てを完全に理解し，ちゃんと使いこなせる人はほとんどいないでしょう。そのような状態を目指す必要はないと思いますが，それぞれが働く／働きたい領域において必要となる検査については，理論・実施の手順について習熟しておく必要があります。

表11-1 代表的な神経心理学的検査

見当識・知能	HDS-R, MMSE
言語	WAB失語症検査
記憶	リバーミード行動記憶検査(RBMT)，ベントン視覚記銘検査
注意	BIT行動性無視検査日本版
実行機能	ウィスコンシン・カード・ソーティング・テスト(WCST)，ストループテストハノイの塔
視覚性認知	標準高次視知覚検査

信頼性と妥当性

心理検査を使う際に考えなければならないことは，その検査が果たして，心という目に見えないものを可視化するにあたって，「ちゃんと機能しているのか？」ということです。心は直接目に見えないものであるが故に，その状態を知る手助けとして検査を用いるわけですが，直接目に見えないにも関わらず，ちゃんと測れているということがどうしてわかるのでしょうか。

検査がちゃんとしているか否か，ということを考える際に覚えておくべき視点は，検査の信頼性と妥当性という概念です。それだけ言われてもよくわからないと思いますので，**信頼性**と**妥当性**のイメージを，弓道の的をイメージして作ってみました（**図11-3**）。

信頼性とは，同じ状況で同じような結果が出るのか否かを検討する時に用いる概念です。例えば，皆さんは体重計に乗ったことがあると思います

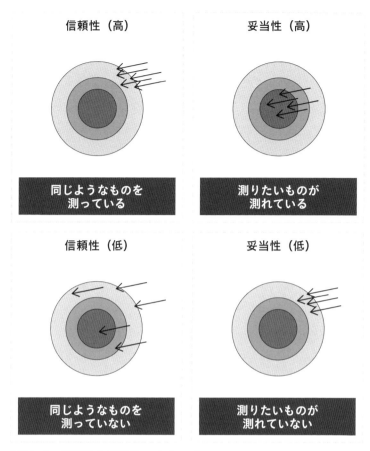

信頼性（高）　　　　　　　妥当性（高）

**同じようなものを
測っている**　　　　　　　　**測りたいものが
測れている**

信頼性（低）　　　　　　　妥当性（低）

**同じようなものを
測っていない**　　　　　　　**測りたいものが
測れていない**

図11-3　信頼性と妥当性のイメージ

が，1分おきに5回体重計に乗って体重を計測したとして，その時の値が毎回1 kgも2 kgも違っていたら，その体重計は壊れている（ちゃんと測れていない）と思うはずです。そんな体重計で測った体重が，自分の真の体重だとはとても思えません。心理検査も同様です。心の状態は体重ほど一貫していないかもしれませんが，同じ状況であれば，当然同じ結果が出なければ，きちんと測れているとは思えません。図を見て下さい。この場合，信頼性が高い（毎回同じような結果が出る）ということは，的を射た際に，矢がだいたい同じところに刺さるということです。反対に，信頼性が低い（毎回同じような結果が出るわけではない）とは，的を射た際に，矢があっちこっちに行ってしまって定まらない状態です。当然のことながら，検査

器具は信頼性が高いものである必要があります。

　信頼性には，大きく，**再検査信頼性**と**内的一貫性**があります。再検査信頼性とは，体重計の例に挙げたように，一定の時間的間隔をとって何度か検査を実施し，同じような結果が出るか否かということを検討する際に用いる概念です。そのため，例えば再検査信頼性を確認するために，同じ人に対して一定の期間を空けて二度同一の検査を実施し，二回の結果の相関を分析するといった分析が実施されます（**再検査法**）。もちろん，相関が高い方が良い（再検査信頼性が高い）ということになります。再検査法には一つ問題があります。それは，例えば抑うつ気分を尋ねるような質問紙調査ならば良いのですが，答えを知っていると再検査に支障をきたすような検査（例：学力試験）の場合，こうした手法が使えないということです。この問題を解消するために，**平行検査法**という手法がとられる場合があります。これは，二つの質・量が同等の検査を同一の人物に行い，検査結果の相関を見る手法です。一方で，内的一貫性とは，同一の検査内の複数の検査項目が，同じような結果を返すか否か，ということを検討する際に用いる概念です。そのため，例えば内的一貫性を確認するために，**折半法**による分析や，**クロンバックのα係数**の検討などが行われます。[17]

　信頼性の次は，妥当性です。妥当性とは，その検査が測りたいものが測れているか否かを検討する時に用いる概念です。我々が知りたいものとは，すなわち的のど真ん中に該当します。最も良いのは，的の真ん中に全ての矢が刺さっている状態で，これが妥当性が高い状況ということになります。図11-3の右下「妥当性（低）」は，矢が真ん中に来ていないので，妥当性が低い状態ということになります。この図から明らかなように，信頼性が低い検査において妥当性が高くなることはありません。なぜなら，矢が集中して刺さっていなければ，全てが的の真ん中に来るということはあり得ないからです。つまり，信頼性は妥当性の必要条件だということです。

---

[17] 折半法とは，一つの検査の検査項目を半分に分けて二つにし，その二つの結果の相関を分析する手法です（もちろん，相関が高い方が内的一貫性が高い）。ただし，この手法は，どう分けるかという部分に恣意的な部分が残ります。この考え方を拡張したものが，クロンバックのα係数ということになります。なお，クロンバックのα係数は「$\alpha=$検査項目数／（検査項目数-1）$\times${$1-$（各検査項目の分散の合計／検査項目の合計点の分散）}」という式を見ればわかるように，検査項目数が多くなるほど値が大きくなるという特徴があるため，検査項目数が多い検査の内的一貫性を検討する際には注意を要します。

より詳細に見ていくと，妥当性は大きく，**内容的妥当性**，**基準連関妥当性**，**構成概念妥当性**の三つから構成されています。内容的妥当性とは，検査の内容が自分が知りたいことを（内容的に）含んでいるか否か，ということを検討する際に用いられる概念です。例えば，理科の能力を知りたいにも関わらず，「日本に鉄砲が伝来したのは何年ですか？」という歴史に関する質問をしたとしたら，内容的に妥当ではありません。内容的な妥当性は，主に検査が作られた際に専門家集団によって検討されます。次に，基準連関妥当性です。これは，作成された検査が，その検査以外の類似の検査と相関するか否か，といった点を検討する際に用いられる概念です。例えば，自殺念慮の強さを測定する検査を作成したとしたら，その結果は，抑うつ感を測定する検査の結果と正の相関を示すはずですし（**並存的妥当性**），自殺念慮の得点が高い人は，将来，自殺で死亡する確率が高くなるはずです（**予測的妥当性**）。最後に，構成概念妥当性です。これは，測定したい概念が想定した因子構造から成り立っているか（**因子的妥当性**[18]），関連すべき他の指標と関連し（**収束的妥当性**），関連すべきでない他の指標と関連しないか（**弁別的妥当性**），といった観点から構成されます。

▓▓ おわりに

信頼性やら妥当性やらの説明がだいぶ長くなりました。このあたりで，もう皆さんは「嫌になってきた，何がなんだかわからん」と思っているはずです。それで結構です。なぜなら，私にもこれらの弁別は非常に難しく（笑），一つ一つ今まさに丁寧に調べながら書いているくらいだからです！

偉そうに言えたことではありませんが，妥当性の概念とはそれほど多様なものであり，心という見えないものを測定するにあたっては，それだけ慎重に色々な確度から「本当にちゃんと測れているのか？」ということを考えないといけないということです。そのことさえ覚えておけば（つまり，検査というものを無闇に信奉するのではなく，常に批判的に考える態度を保持していれば），必要になった時に少しずつ調べながら使いこなせるよ

---

[18]因子分析の理解なしにこの話を続けるのは不可能なので，ここでは深入りは避けておきます。カリキュラムは相互に関連していますので，心理学統計法の授業もしっかりと受講しましょう。

うになっていくはずです。

✓ **理解度チェック課題**

□問1 **基礎** アセスメントの手法について，面接―観察―検査の利点と問題点をそれぞれ比較・説明しなさい。

□問2 **基礎** 検査法について，投影法―質問紙法の利点と問題点を比較・説明しなさい。

□問3 **応用** 2020 年度の大学入学共通テスト（旧センター試験）は，コロナ禍の影響を受け，二回試験が行われ，どちらの試験を受験するか一部の受験生が選べる（後半の試験は現役生しか受けられない）方式になりました。この検査方法の問題点について，説明しなさい。

コラム❽ 検査に関する知識の重要性

　本文の中で紹介した信頼性の確認方法の一つである平行検査法には，そもそも「同等とされる」二つの検査が果たして真に同等なのかが結局はわからないという問題がありますが，こうした検査の信頼性の概念に関する知識は，実社会における生活でも役に立ちます。

　例えば，2020年度の大学入学共通テスト（旧センター試験）は，コロナ禍の影響を受け，2回試験が行われ，どちらの試験を受験するか一部の受験生が選べる（後半の試験は現役生しか受けられない）方式になりました。この手法がいかに検査（センター試験に代表されるような学力試験は要するに知能検査です）の信頼性を揺るがすものかということについては，ここまでの信頼性の説明を聞き，少し考えてみればわかるはずです。

　また，こうした検査の信頼性・妥当性という問題の学習を進めていくと，陽性・陰性・偽陽性・偽陰性といった概念を学習する必要に迫られるはずです。そこまでいけば，新型コロナウイルスの検査であるPCR検査のようなものを，疫病が市中に蔓延していない状況で希望者に大規模に検査を行うと何が問題なのか，といったことについても理解することができるようになるはずです。この検査の信頼性・妥当性に関する話は，心理学だけの話ではなく，より広い学問領域，あるいは市民生活においても役に立つ知識だということです。

第
12
講

心理的アセスメント2：正常と異常

前回に引き続き，本講の目的は，アセスメントの理論・技法について理解を深めることです。その中でも，本講と次講のテーマは，異常心理学／**精神医学的診断**に関する知識です。精神医学的診断に関する知識は，医療の領域で働く際は当然のこととして，そうではなかったとしても，絶対に必要な知識です。学校でスクールカウンセラーをやっていても，学外の主治医と学生のことについて連絡をとり，協働をすることは当然のごとくあります。その際に，精神医学的診断に関する知識がなければ，文字通りお話になりません。

　精神医学的診断に関する知識は非常に重要であり，医学的な基準は当然のこととして，以下に示す様々な基準を複合的に考慮し，病気か否かを判断しています。具体的な病気の内容に入っていく前に，そもそも病気（あるいは異常）というものがどういう状態なのかということについて，少し考えてみたいと思います。

①適応的基準（適応―不適応）

　その人が異常な状態にあるか否かを判断するにあたり，最も重要な基準は，適応的基準です。これは，社会生活が円滑に送れている状態を正常なものと見なし，社会生活が円滑に送れていない状態を異常なものと見なすという基準です。そもそも相談に来る人は多くの場合，この基準を自分に適用し，判断してから来ています。仮に，自分に何らかのおかしなことがあったとしても，日常生活に支障をきたすようなことがない限り，専門家に助けを求めに来る人はそう多くはないからです。逆に言うと，この基準がクリアできないと，支援も終わらないということになります。また，この基準は人によって判断が大きく異なるもので，だからこそ，相談に来た人の主観的判断が大事にされなければならない領域でもあります。1年間に数回しか学校に行っていなくても，社会生活に問題を感じないという人もいるかもしれませんし，それは異常だと感じる人もいるでしょう。

　適応的な基準が病気の診断に用いられていることは，その時の社会によって病気の流行が変わることを意味しています。なぜならば，どのような特性がその社会にとって適応的かということは時代とともに変わってくるからです。例えば，ADHD的特性を持つ子どもは現代では学校で不適応的児童と見なされるかもしれません。しかし，近代以前の社会では（つまり，学校の教室での一斉授業が始まる前の時代であれば），そのような特性

は問題にならなかったはずです。あるいは，現代ではコミュニケーションに関する問題が障害として理解されることが多くなっていますが（例：アスペルガー症候群），第一次産業や第二次産業が主流の社会では，このような特性が社会不適応につながることは（少なくとも現代のような第三次産業／サービス業が主流の社会に比べれば）少なかっただろうと推測されます。

②価値的基準（規範─逸脱）

これは，社会の中の規範の許容範囲内で行動している状態を正常なものと見なし，社会の中の規範の許容範囲内で行動していない状態を異常なものと見なすという基準です。例えば，キリスト教が優勢な地域における同性愛は異常と見なされるでしょうが，現代の日本においてはそれほど異常なことと見なされることは少ないでしょう（地域やコミュニティにもよるかもしれませんが…）。社会規範との関連なので，地域や時代が変われば当然のことながら，正常や異常の範囲も変わってくることになります。

この基準も，精神医学的診断と無関係ではありません。例えば，**DSM-5**（*Diagnostic and Statistical Manual of Mental Disorders*）では，**性別違和**（*Gender Dysphoria*）という診断名がありますが，これは，以前は**性同一性障害**（*Gender Identity Disorder*）と呼ばれていました。身体の生物学的な性と心の（主観的に感じる）性が一致していない状態ですが，これが精神障害に含まれているわけです。これは元々は規範的な意味合いが強いものだったのでしょう。現代においては，日本語訳でも「障害」が使われていないように，病気というニュアンスは極力抑えられるようになってきています（英語も，Disorderという語を使わなくなったわけですので）。これはつまるところ，規範意識が変わってきていることの表れです。

それでも診断名が必要な理由の一つは，性別違和の人に性転換手術をする際に困るからだと思われます。病気でもないのに身体にメスを入れる（侵襲的な処置をする）必然性が医学的に説明できないからです。このような理由によっても，病気の概念が維持される場合があります。❶

---

❶何が言いたいのかというと，「病気」は社会制度上の必要に応じて作られたり，その概念が維持される場合がある，ということです。純粋に，生物学的な問題だけで病気の概念が成り立つわけではないということでもあります。

③統計的基準（平均—偏り）

　これは，集団の中で平均に近い状態を正常なものと見なし，集団の中で平均から遠い状態を異常なものと見なすという基準です。検査を用いてデータを集め，統計的手法を用いて「正常」と「異常」の範囲を算出・決定します。典型的には，**知的障害**の診断に用いられます。知的障害は，知能検査の結果，平均よりも2標準偏差ほど低い値あたりから病気としての診断をつけることになります（平均からの乖離が大きくなればなるほど，重度ということになります）。

⏱ 心の病気の歴史

　それではここから，徐々に精神医学的診断の話に進んでいきますが，まずは現在のような診断体系ができあがった歴史をざっと見ておきます。昔々，といっても近代に入る前，ルネッサンス以前の心の病気に対する認識は現在とはかなり違ったものでした。現在で言うところの「病気」は「狂気」と呼ばれ，狂気は神聖なものとして崇められる場合と，悪魔的なものとして追放・虐殺・拷問の対象となる場合と，両極端に扱われました。現在のように治療の対象として扱われるものではありませんでした。

　心の病気の概念が発達してくるのはルネッサンス以降のことです。近代になり，都市化が進み，都市に人口が流入することからスタートします。見知った人しかいない村であれば，多少挙動不審な人間がいたとしても，「まぁあの人はああいう人なのよ」で済みますが，見知らぬ人で構成される都市ではそうはいきません。そのために，都市の管理上「問題」となる人を収容するための収容施設が作られることになります。要するに安定した都市の管理に邪魔となるアウトサイダー（例：浮浪者）をまとめて収容していたということです。その中には，我々からすれば精神障害に見える人が多数含まれていたわけです。17世紀後半から18世紀になり，啓蒙思想が広がると，まとめて収容するという方針から，より人道的処遇を模索する（つまり，治療をする）方向が強くなってきます。これが，精神医学の発展につながっていくわけです。

　現代的な精神医学的体系のスタート地点は，教科書的には，1896年にドイツの精神科医**クレペリン**（*Emil Kraepelin, 1856-1926年*）が，狭義の精神病を躁う

つ病と**早発性痴呆**に分類したことだとされています。それまでは，精神病は単一のものだとされていたわけですが（単一精神病論），それを分類したわけです（構成主義の話でも書きましたが，細かく分類し，整理して理解していくことは科学の基本です）。躁うつ病とは現在の**躁病**と**うつ病**のことであり，早発性痴呆とは**統合失調症**のことです。痴呆は現在では使わない言葉ですが，早発性痴呆とは要するに，人生の早い時期から発症し，痴呆（認知症）のようになるという意味です。統合失調症の好発年齢は思春期から30歳くらいまでです。また，痴呆の部分は，統合失調症の陰性症状のことを指しています❷。どのように分類するか，どう分類したか，という診断に関する考え方はこの後，複雑に発展していきます。

⏰ 病因論

　今日では精神症状の分類としては，アメリカ精神医学会が定めた**DSM**（*Diagnostic and Statistic manual of Mental disorder*）や世界保健機関（*WHO*）の**ICD**（*International Classification of Diseases*）がよく用いられています。DSMは現在は第5版（*DSM-5*），ICDは第11版（*ICD-11*）です。これらの影響力のある診断体系の内容は相互に影響を与えていることから，内容的には類似の部分も多くなっています。本講では以下，DSMについて話をしていきます。

　DSMでは病気の原因を前提として精神障害を分類する**病因論**的分類ではなく，精神症状のまとまりの状態によって障害を分類する**症候論**的分類を採用しています。つまり，表面的に確認できる症状（例：妄想，抑うつ気分）の束のパターンに対して名前（例：統合失調症，うつ病）をつけているということです。さて，ここで皆さんには「？？？」となって欲しいのですが，大丈夫でしょうか。

　一般的に，病気というのは病因論的に分類されます。つまり，原因（身体の異変）に応じて病気を分類して名前をつけていくということです。これが普通です。原因によって対策が異なるのですから，原因に応じて分類

❷次講で詳しく論じますが，統合失調症の症状は大きく，陽性症状（ないはずのものがある，例：幻聴）と陰性症状（あるはずのものがない，例：コミュニケーションに対する意欲）に分かれます。一見，陽性症状の方が派手で目立ちますが，障害という観点から見た場合にどちらがより重大な問題を孕んでいるのかを考える時，早発性痴呆という言葉は非常に示唆に富んでいます。

をしておいた方が便利に決まっています。しかし，上述のように，精神障害についてはそうなっていません。これはなぜでしょうか。そうなった経緯については，DSMの改訂の歴史を見ていくことで理解をすることができます。

DSM-Iは1952年の出版です。心理療法の概論を既に受講した皆さんならわかることだと思いますが，戦後すぐのこの時代は，精神分析の影響が非常に強い時期です。それは，精神医学でも同様です。力動的精神医学の強かった時代においては，病気に対する考え方も精神分析の影響が強くなります。つまり，精神障害は全て心理的な反応だということです（精神分析的な病気の捉え方については，ここでは繰り返しません）。ここから，徐々に精神分析の影響力が弱くなってくるのですが，そのことは病気の分類の仕方にも影響を与えます。

1968年のDSM-IIでは精神分析の影響力が弱くなり，全般的にクレペリンに端を発するドイツ精神医学的な診断体系が影響を与えるようになります。ドイツ精神医学的な考え方では，まず，（精神分析の影響を排するために？）**心因性**の反応と**内因性**の病気とを分けました。心因性の反応とは，つまり，精神分析的な（無意識を重視する）考え方によるもので，無意識的な心のありようが原因となって起こる心理的不調（精神分析で言うところの神経症）です。心が原因なので心因性，というわけです。一方で内因性とは，明確な証拠はないが遺伝的な要素が疑われる心の病とされました。心因性の反応が誘因によって引き起こされ，了解可能な心理的体験に基づくものである一方で，内因性の病気は，誘因がなくとも発生し，了解可能な心理的体験に基づかないものとされました。典型的には，統合失調症をイメージしておけば良いと思います。また，この診断体系では，心因性，内因性に加え，明確な身体因（例：脳への外傷）がある**外因性**といった形で病気を分類しました。つまり，この時点では，原因に応じて病気を分類しようとしていたということです。これは，現在の症候論的な診断体系とは明らかに異なるものです。

ちなみに，内因性・外因性・心因性というドイツ精神医学的分類は，その後，**素因ストレスモデル**（脆弱性ストレスモデル）という精神障害発症の理解のための考え方に引き継がれています。素因ストレスモデルでは，素因とストレスの二つの要因から精神障害の発症を理解します。素因は，

ストレス（誘因となる環境）
・ネガティブ・ライフイベント
・家族の感情表出の多さ

統合失調症
発症

素因（なりやすい性質）
・性格（内閉気質）
・認知特性
・生化学的特性

図12-1　素因ストレスモデルによる統合失調症の理解

内因性の方に該当するもので，病気になりやすい先天的性質（例：遺伝，気質）のようなものです。ストレスは，心因性の方に該当するもので，病気の引き金となる後天的な誘因（例：ライフイベント）を意味します。もともとは統合失調症の理解を深める中で発展してきたモデルですが（図12-1），様々な精神障害について説明をすることが可能です。

病因論批判と症候論の発展

　この原因論的診断体系には大きな問題がありました。批判については様々なものがありますが，最も大きく，その後のDSM-IIIへの改訂に影響を与えたのは，診断の信頼性の問題です。つまり，ある患者を精神科医Aと精神科医Bが別々に診断をした時に，同じ診断が下されるかどうかということです。同一の患者に対して別々の診断名がつく割合が高かったとしたら，仮に特定の診断名がついた患者を集めて治験を行ったとしても，そこで何が明らかになったのか判然としなくなってしまうからです。

　また，この時期になされた非常に重要な批判として，アメリカの心理学者であるローゼンハン（*David L. Rosenhan, 1929-2012年*）が行った精神医学診断実験（**ローゼンハン実験**）があります。この論文の主張はずばり，精神科医は病気のふりをした健康な人間と本当の病気の人間を見分けることができない，というものです。1973年にサイエンス誌に掲載されたローゼンハンの論文によると，実験ではまず，アメリカの5つの州にある12の精神病院を

幻聴のあるふりをした健康な実験協力者が受診します。その結果，全員が精神疾患であると診断され入院になりました。12名の診断結果ですが，11名が統合失調症，1名が躁うつ病と判断されました。これらのニセ患者達は入院後，正常に振る舞い病院の職員に幻聴がなくなったことを伝えましたが，そのことそのものが妄想（つまり，病気の症状）だと判断されたケースもあり，結局入院期間は7～52日（平均19日）の期間に渡りました（事実かどうかはわかりませんが，本当の入院患者は彼らが詐病であると見抜いていたなんて話もあるようです）。その後，研究は第二段階へと進みます。その後，ローゼンハンがこの事実を公表し，「精神医学診断なんてあやふやなものだ！」と批判すると，反発した病院がニセ患者をその施設に送るよう挑発してきます。つまり，まさか偽物が来るなんて思っていないから判断できなかっただけで，来る可能性があるとわかっていれば，見抜けるに決まっている，というわけです。ローゼンハンはこれに合意し，新たなニセ患者を送り込むと宣言します。それから数週間，病院側は，新規の患者193人の内から41人を潜在的なニセ患者として認定します。しかし，実際のところローゼンハンは何もしていなかった，というオチです。

　なお，この問題そのものはDSMの改訂が進んだ現在も，本質的には何も解決していません。仮に，患者の遺伝情報やら行動・心理検査の結果などから診断がつくようになれば別ですが，現在のように患者の話／自己報告を聞き，そこで報告された症状の束のパターンに対して名前をつけたところで，ローゼンハン実験と同様のことは起こるはずです（まぁ，現在では倫理的な観点から，同じ実験をやるのは困難でしょう。おそらくですが，医療費／税金を無駄にするな，という批判が起こるはずです）。

　話をDSMの発展／改訂に戻します。DSM-IIでは原因論的診断体系が影響を与えていましたが，このような分類の仕方では，診断の信頼性が低いままでした。それは考えてみれば当然のことで，明らかに脳に外傷ができたような外因性の病気は別としても，心因性なのか内因性なのかは，かなり判断が微妙そうです。了解可能な心理的体験に基づくかどうかとか，誘因があるかどうかといった点は，判断が分かれそうな臭いがぷんぷんします。というわけで，DSM-IIIでは，原因論的な診断体系を作ることを一旦保留し，症候論的診断体系をとることによって診断の信頼性を向上させようとしました。また，表面に出てきて確認しやすい症状の束のパターンご

とに名前をつけておけば（原因が同一かどうかはさておくとしても），実際の生活においてどう困っているのかは似てくるので治療方針も疾患ごとに立てやすくはなります。ただし，症状（例：妄想）によっては，単一の疾患のみにおいて見られるわけではなく，様々な疾患において見られるものもあります。また，蛇足ではありますが，DSM-IIIでは精神分析の影響力がさらに低下したことによって，神経症という精神分析の象徴的用語がついに病名のカタログの中から消し去られました。ここに，精神医学の精神分析との決別が決定的になったと言えます。

　このDSM-IIIで採用された症候論的な診断体系は現在のDSM-5でも維持されています。ただし，未来永劫このような形で精神医学的診断がなされるかどうかは不明です。というか，されないと思います。理由の一つ目は，やはり理想としては原因論的分類をする方が筋が通っているからです。既に説明したように，普通の医学的疾患はこのような形で命名されていますし，その方向性を精神科も目指すと思われます。第二に，これはローゼンハン実験の批判とも関わりますが，少なくともこのような診断の問題を解消するために，遺伝情報や何らかの検査結果など，患者の自己報告に基づかない情報が診断の中に取り入れられていくだろうと予想されるからです。つまり，原因論的な分類まではすぐにできなかったとしても，自己報告の症状（患者の主観的な情報）ではなく，より客観的な情報が用いられるようになるだろうということです。

⏱ 診断体系の概要

　DSM-5に含まれる病気の大分類の一覧を示します（**表12-1**, p. 197）。この大分類の下に，より具体的な病名があります。例えば，抑うつ障害群であれば，重篤気分調節症，うつ病／大うつ病性障害，持続性抑うつ障害（気分変調症），月経前不快気分障害，などが含まれています。我々が一般的に使うところのうつ病とは，うつ病／大うつ病性障害(*Major Depressive Disorder*)というものになります。

　全ての病気についてくまなくその診断要件を暗記しろとは言いませんが（働き始めれば必要になって勝手に覚えていくものだとも思いますが）…。しかし，代表的／典型的な病気（有病率の高い病気），自分が仕事をしてい

る領域において出会う可能性の高い病気については，きちんとその診断体系（症状の束の内容）を正確に覚えておく必要があります。また，いくつかは行動療法や認知・行動療法の講義の際に言及しましたが，診断名ごとにその症状がなぜ出現し，どのように維持されるのかというモデルが存在する場合には，そのモデル（と治療技法との関連）についても覚えておく必要があります。

⏱ おわりに

　本講では，現代精神医学における精神障害の診断体系と，そのような体系になっている歴史的経緯について確認しました。ここまで見てきたように，精神障害は生物学的視点のみによって構成されているのではなく，社会的な必要性などによっても構成されてきました（おそらくは，都市の出現が精神病院の成立を促したことと関係があるのでしょう）。病気の理解には，このように複眼的な視点が必要になってきます。個別の精神障害の診断上の定義がどのようになっているのかについては，次の講義で扱います。

☑ **理解度チェック課題**

□問1 **基礎**（心理・行動面での）正常と異常の差異を説明しなさい。

□問2 **基礎** 現代精神医学における診断体系の概要と，その診断体系が原因論的分類を採用していない理由について，説明しなさい。

□問2 **応用** DSM のような基準（単一の国の特定の団体が作成した症候論的診断体系）が国際的に広がることで生じる問題にはどのようなものがあるだろうか。あなたの考えを述べなさい。

表12-1　DSM-5の大カテゴリー一覧[3]

1	神経発達症群/神経発達障害群（Neurodevelopmental Disorders）
2	統合失調症スペクトラム障害および他の精神病性障害群 （Schizophrenia Spectrum and Other Psychotic Disorders）
3	双極性障害および関連障害群（Bipolar and Related Disorders）
4	抑うつ障害群（Depressive Disorders）
5	不安症群/不安障害群（Anxiety Disorders）
6	強迫症および関連症群/強迫性障害および関連障害群 （Obsessive-Compulsive and Related Disorders）
7	心的外傷およびストレス因関連障害群 （Trauma- and Stressor-Related Disorders）
8	解離症群/解離性障害群（Dissociative Disorders）
9	身体症状症および関連症群（Somatic Symptom and Related Disorders）
10	食行動障害および摂食障害群（Feeding and Eating Disorders）
11	排泄症群（Elimination Disorders）
12	睡眠-覚醒障害群（Sleep-Wake Disorders）
13	性機能不全群（Sexual Dysfunctions）
14	性別違和（Gender Dysphoria）
15	秩序破壊的・衝動制御・素行症群 （Disruptive, Impulse-Control, and Conduct Disorders）
16	物質関連障害および嗜癖性障害群 （Substance-Related and Addictive Disorders）
17	神経認知障害群（Neurocognitive Disorders）
18	パーソナリティ障害群（Personality Disorders）
19	パラフィリア障害群（Paraphilic Disorders）

[3]日本精神神経学会監修（2014）『DSM-5　精神疾患の診断・統計マニュアル』医学書院

コラム❾「神」との向き合い方①

　人類史における長きにわたり，我々の心を支えてきたものに宗教があります。宗教の教義の内容には確かに科学的ではない内容が含まれる場合があります。それでは，我々は宗教や神にどう向き合うべきでしょうか。

　臨床心理学は確かに科学的な学問である（そうあろうとしている）心理学を基礎としています。しかしながら，残念なことに我々の心というものが完全に科学的に解明されていない以上,「科学」的にはどうしようもないことというのは当然起こりえます。

　個人的な話になりますが, 私が人生において最も精神的に辛かったのは, 妻が長女を妊娠し, そして出産してからしばらくの間です。妻は長女の妊娠後１か月ちょっとしてから, ある日突然激しい悪阻に襲われ, 食べ物はおろか, 水すらも受け付けなくなり, そのまま入院することになりました。妻は, 点滴だけで生きている状態になりましたので, みるみる間に痩せていきました。こういうのもなんですが, それはどう見ても, 妊婦ではなく, 拒食症の患者でした。

→→→ 216 ページへ続く

心理的アセスメント3‥精神障害

前講でDSMの成り立ちまで話を進めました。本講の目的は，心理職として出会うことが多い精神障害（基本的な精神障害）の概要をつかむことです。それでは，代表的な精神障害について，ざっと説明していきたいと思います。

✳ 統合失調症

　まずは，統合失調症からです。DSMの内容を確認してみます。

> **以下のうち2つ以上，各々（おのおの）が1ヶ月間ほとんどいつも存在する。これらのうち少なくとも1つは1.か2.か3.である。**
>
> 1. 妄想
> 2. 幻覚
> 3. 解体した会話（例：頻繁な脱線または滅裂）
> 4. ひどくまとまりのないまたは緊張病性の行動
> 5. 陰性症状（例：感情表出の減少や意欲欠如）

　統合失調症はうつ病と並ぶ代表的な精神病です。妄想や幻覚を中核的症状とした病気で，思春期～30歳くらいまでが好発年齢です。それ故に，クレペリンが早発性痴呆と命名したのは，前講の通りです。人口の1%弱の人が発症する病気ですから，実は，それほど珍しい病気ではありません（大学の大講義であれば，数百人受講ということも稀ではありませんから，その中から数名という割合です）。

　一般に，統合失調症の症状は，大きく**陽性症状**と**陰性症状**に分けられます。陽性症状とは，本来ないはずのものがある（だから，陽性）という意味で，妄想や幻覚がこれにあたります。妄想は患者の半数以上に認められ，幻覚は，聴覚での幻覚（つまり，幻聴）が最も多いものとなっています。一方，陰性症状とは，本来あるはずのものがない（だから，陰性）という意味で，感情平板化（ぼんやりして情緒的反応を示さない），会話の量的・質的貧困，意欲の欠乏・無気力（ぼさぼさの髪，だらしない服，仕事・家事ができない），非社交性（他者に関心を示さない）といったものが含まれます。

　ちなみに，授業で話をすると「私もよく色々な妄想をします！」といっ

たコメントをつけてくれる人がいるのですが，ここでいう精神病理学／異常心理学で言うところの妄想と，日常用語の妄想は異なります。病的な妄想というのは，端的に言うと，自己批判力がなくなった状態を意味しています。つまり，自分の経験に対して「そんなことはないかもしれない」と思えなくなっているということです。仮に，「あの人は私のことを嫌っているかもしれない」と思ったとして，「いやいや，そうではない可能性も考えられるぞ，なぜならばあの人はあの時○○と言っていたし」などと思えれば，これは**自己批判力**が保たれています。自分の考えや感じたことと違う可能性に思いをはせることができているからです。この自己批判力が消えてしまった状態が，妄想状態です。幻聴などはしばしば自分の不安が声となって聞こえてくるわけですが，これに対して，「いや，そんなはずはない」という自己批判力がなくなっている点に特徴があります。

　自己批判力というのは，一つのキーワードです。何度も言っていますが，大事なことは異なる文脈で何度も出てくるものです。自己批判は，自分を客観視しなければできないことです。つまり，**メタ認知**が機能していなければならないということです。この話，どこかで聞きましたよね？　そうです，認知療法のところでも出てきた話でした。メタ認知の機能というのはここでも重要な役割を果たしているということです。

　我々は，妄想とか幻覚と言われると，この病気がどこか自分とはかけ離れた世界のもののように感じます。一方で，1% 弱の人が発症する病気ということは，実はそれほど稀ではなく，自分の周囲にもいるはずだということになります❶。このギャップを，どう理解すれば良いでしょうか。そこで，統合失調症の発症のメカニズムを，図にしてみました（**図13-1**）。

　不安・孤立・過労・不眠といった状況に置かれた時に，幻視や幻聴といった類の経験をすることは健康な人でも実はよくあることです。私は，BSで放送されている長距離を走るランナーを追った番組が好きでよく見るのですが，数百キロを不眠で走るレースの様子を見ていると，レース中に幻覚を体験しているランナーは珍しくはないことがよくわかります。たとえば，本来沿道にいない人を見ているランナーがけっこういるわけで

❶仮に1% の人が発症すると考えて，自分に150人の知り合いがいると仮定すると，その中に一人も統合失調症の人がいない確率は0.99の150乗なので，だいたい20% 弱といったところです。つまり，150人くらい知り合いがいる人の8割は，少なくとも周囲に1人以上は統合失調症の人がいるということになります。

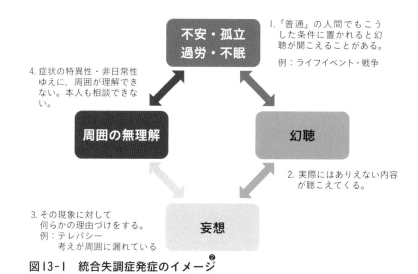

不安・孤立
過労・不眠

1. 「普通」の人間でもこうした条件に置かれると幻聴が聞こえることがある。

例：ライフイベント・戦争

4. 症状の特異性・非日常性ゆえに，周囲が理解できない。本人も相談できない。

周囲の無理解

幻聴

2. 実際にはありえない内容が聴こえてくる。

3. その現象に対して何らかの理由づけをする。
例：テレパシー
考えが周囲に漏れている

妄想

図13-1　統合失調症発症のイメージ[2]

す。つまり，普段は健康で，どちらかと言えば人並み以上に元気な（そうでなければ，そんなレースに出ようと思わないでしょう）人であっても，極限状態に置かれると，幻覚を体験することは割とあるということです。状況の力が非常に大きいわけです。

　統合失調症では幻聴が一番多いのですが，実際に聞こえないはずのものが聞こえてきてしまったら，とても怖くなります。それは当然のことです。その怖さを軽減するために，人は（精神分析的に言えば）合理化をします。つまり，幻聴というよくわからない主観的な体験にもっともらしい説明をつけるわけです。それが，妄想になっていきます。傍から見れば理解不可能な訳のわからないことを言っているように見えて，それが本人に必要な理由はここにあります。何はともあれ，多少変な理屈であっても，訳もわからず聞こえないはずのものが聞こえたり，見えないはずのものが見えたりするよりは，理由をはっきりさせれば不安が軽減されるからです（暗いところで何かあったら，すぐお化けかな？と思う理由とまったく同じです）。

　しかし，実際には，統合失調症に関する理解がない人から見れば，やは

[2]原田誠一先生の講義資料等を参考に作成したと記憶していますが，正確な引用先を見つけられませんでした。詳細は，以下の資料を参考にして下さい；原田誠一（2006）『統合失調症の治療：理解・援助・予防の新たな視点』金剛出版

り妄想を抱えた人は理解不可能ですし，可能であれば近づきたくないと思うでしょう。それ故に，妄想を抱いた人は孤立していき，よりストレスフルな状態に置かれることとなります。このような悪循環の中で，症状は悪い方向へと進んでいきます。

　統合失調症の原因について，素因の観点からは，**ドーパミン**仮説が有力です。脳内の神経伝達物質であるドーパミンそのもの，あるいはドーパミン受容体が多すぎることによって陽性症状が出現するという考え方です。そのため，陽性症状を抑えるためには，抗精神病薬の服用が基本となります。また，心理的ストレスとしては，家族間の高EE（**Expressed Emotion**，表出感情）状態が挙げられます。感情的で過度に侵襲的な押し付けがましいコミュニケーションに晒されることが，症状につながるということです。そのため，家族のEEの低下を狙うために，病態や治療方法に関する情報提供（心理教育）が家族に対して行われる場合があります。非常に残念なことではありますが，陰性症状を劇的に変える薬物は開発されていないようです。そのため，陰性症状の治療では様々な人間関係場面に適切に対応するためのスキルを教育・訓練することが行われます。これは，健康だった時には当たり前にやっていることを懸命に努力をして再学習するということで，主に行動療法的な技法が用いられることになります。

　また，統合失調症の心理療法では，妄想への意味づけを変えることによって苦痛を低減する認知療法的技法が用いられることもあります。治療のイメージは**図13-2**（次ページ）の通りです。認知療法のABCの図式で示しています。この場合，刺激となる妄想そのものが仮に薬物療法等で抑えられなかったとしても，認知を変えることによって結果としての主観的苦痛を低減させることができます。人間が幻覚を感じることが必ずしも特別に病的ではないことを理解し，自分自身がどのような状態になると幻覚を感じてしまうのかが理解できるようになると，ただ単に不気味なものであった幻覚について，「自分ってこういう時に聞こえちゃうんだよね／見えちゃうんだよね」と意味づけることができるようになっていきます。意味のわからないものは人間の恐怖を掻き立て，より一層の混乱を作り出しますが，このような意味づけをすることができれば，それが良い経験でなかったとしても，なんとか付き合って／折り合いをつけていくことができるようになります。

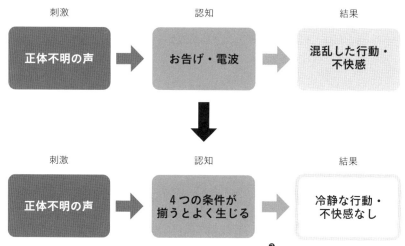

図13-2　統合失調症への認知療法的治療のイメージ[3]

✳ うつ病

　次に，うつ病です。うつ病と統合失調症は，二大精神病とも呼ばれるほど，この領域では主要な病です。DSM-5の内容を確認してみます。

> **1. あるいは 2. を含む5つ以上が2週間以上続いている。**
> 　1.　抑うつ気分
> 　2.　興味／喜びの喪失
> 　3.　著しい体重の変化（減少 or 増加）／食欲の減退 or 増加
> 　4.　ほとんど毎日の不眠または睡眠過多
> 　5.　ほとんど毎日の焦燥感または制止
> 　6.　ほとんど毎日の易疲労感
> 　7.　ほとんど毎日の無価値感／不適切な（過剰な）罪責感
> 　8.　思考力や集中力の減退
> 　9.　自殺念慮／計画／企図

　うつ病は性差があり，男女比はおおよそ1：2程度，好発年齢は，青年期に小さなピークはあるものの，中年期以降（40歳くらい）になります。有病率も高く，統合失調症よりもさらに珍しくない病気です。

---

[3]石垣琢麿先生の講義資料等を参考に作成したと記憶していますが，正確な引用先を見つけられませんでした。詳細は，以下の資料を参考にして下さい；石垣琢麿・橋本和幸・田中理恵（2016）『統合失調症：孤立を防ぎ，支援につなげるために』サイエンス社

これらの症状のうち，1か2が必要ということですから，うつ病の中核的症状は，**抑うつ気分**と，**興味／喜びの喪失**ということになります。抑うつ気分は，気分の落ち込みのことですが，たいていは日内変動があり，朝が最も憂鬱で，時間が経つにつれて徐々に良くなってきます。興味／喜びの喪失というのは，自分が興味を持っていたものや喜びを感じるものが消えてしまったということですから，例えばこれまでやっていた趣味を全然やらなくなってしまったとか，好物を食べても砂を嚙んだようにしか感じられなくなるとか，そういうことになります。

　ちなみに，うつ病の病前性格ということが言われることがありますが（例：協調性・強迫性・精力性を特徴とする執着気質の人がうつ病になりやすい），この手の話は日本などの限られた国でのみ流布しているものであり，あまり普遍的な話ではありません。執着気質の例からわかるように，うつ病はある意味で「いい人」がなるというイメージが作られていますが，これも有病率が高いせいかもしれないと個人的には思います（なる人／なったことがある人が多い病気の病前性格を悪く言うわけにもいかないという日本的な和の精神の臭いもします）。

　うつ病と一口に言っても色々なものがあり，我々が一般的にイメージするところのうつ病（メランコリー型）以外にも，様々な下位カテゴリが存在します。例えば，妄想を伴い重篤で社会的機能の障害が大きい精神病性うつ病，気分反応性で対人関係に敏感になりやすい非定型うつ病（新型うつとも言われます），秋冬に日照時間が短くなると発症し春夏の間は消失する季節性うつ病，出産後4週間以内に始まる産後うつといったものがあります。

　うつ病の原因について，素因の観点からは，**セロトニン**仮説が有力です。脳内の神経伝達物質であるセロトニンが少なすぎることによって症状が出現するという考え方です。そのため，SSRI（セロトニン再取り込み阻害薬）といった薬を服薬することで，効果を得ることができます。ただし，実際の治療では，必ずしも全てが服薬からスタートするわけではありません。軽度であれば，病態・治療の情報提供（心理教育）や生活・運動習慣の見直しが行われます。もう少し重くなってくると，認知・行動療法などの心理療法を用いることが考えられ，さらに重くなると抗うつ薬の服用といった薬物療法になります。薬物療法に反応しない場合は，電気痙攣療法が行

われる場合もあるようです。

このように統合失調症やうつ病といった二大精神病（の治療）に関する理解を深めるには，精神薬理学的な知識も不可欠です。このような部分については，今後，「精神疾患とその治療」という授業においてさらに学習を深めていくことになります。

✳️ 双極性障害／躁病

うつ病の次は躁病です。DSM-5の内容を確認してみます。

①高揚した，または開放的な，またはいらだたしい，異常かつ持続的な気分，そして異常かつ持続的な増大した目的志向性の活動または活力が，1日のうち殆どほぼ毎日存在する。いつもと違った期間が少なくとも1週間持続する（入院治療が必要な場合，期間は問わない）。

②①に加えて，以下の症状のうち3つ以上。
- 自尊心の肥大または誇大
- 睡眠欲求の減少
- 多弁
- 観念奔逸
- 注意散漫
- 目標志向性の活動の増加
- 精神運動性の焦燥
- まずい結果になる可能性が高い活動への熱中

双極性障害の中には，主に，**双極Ⅰ型障害**（いわゆる躁病），**双極Ⅱ型障害**（軽躁病エピソード＋抑うつエピソード），気分循環性障害（躁・軽躁病・抑うつエピソードは満たさないが，類似の症状が続く）の3つの病気があるのですが，上記は躁病エピソードの定義です。軽躁病エピソードはこれよりもやや軽い，ということになります。双極性障害の双極とは，要するに気分の高いところ（躁状態）と低いところ（うつ状態）を示しています。気分の波があまりにも大きいことが問題であり，特に，躁状態には「まずい結果になる可能性が高い活動への熱中」といったものがあり，社会的弊害も大きくなります。「まずい結果になる可能性が高い活動への熱中」とだけ書かれてもわかりにくいかもしれませんが，例えば，性的に無分別な行動などがこれにあたります。あるいは，自尊心も肥大しているので，

「俺はすごいんだ」と思って勤めていた会社を辞めて，よくわからない商売を始めたり，といったことも「まずい結果になる可能性が高い活動への熱中」ということになります。いかにもまずそうです…。

　歴史を振り返ると，そもそも，クレペリンが精神病を早発性痴呆と躁うつ病に分けて以来，躁病とうつ病は一体のものとして理解されてきました。現在のDSM-5の前のDSM-IVでは，気分障害(*Mood Disorders*) という大きなカテゴリがあり，その中に躁もうつも入れられていました。しかし，最新版のDSM-5では，躁病は双極性障害および関連障害群，うつ病は抑うつ障害群となり，そもそも大カテゴリが分かれてしまいました。

　このようなクレペリン以来の伝統を変更する大きな変化が生まれたのには当然理由があります。前講のDSM-5の大カテゴリの一覧を見ればわかるように，双極性障害および関連障害群は統合失調症スペクトラム障害および他の精神病性障害群と抑うつ障害群の間に置かれています。躁病はうつ病から離脱し，統合失調症に近い方に置かれたということです。素因-ストレスモデルで考えると，うつ病に比べて躁病は素因の（遺伝的）影響が強く統合失調症により類似しています。また，好発年齢（双極性I型が30歳前後なのに対してうつ病は40歳前後），性差（うつ病は女性が男性の2倍多いが，双極性I型は同程度），有病率（双極性I型は1% 程度）のどれをとっても，やはり躁病のデータはうつ病よりも統合失調症に近いものになっています。

　加えて，効果的な薬剤の種類が異なることも，うつ病と躁病が別カテゴリになったことに影響しています。既に説明した通り，うつ病はセロトニン仮説という有力な仮説があり，SSRIの服用により，抑うつ気分の改善といった効果が見られます。一方，躁病は炭酸リチウム等の気分安定薬による治療が主であり（効果が徐々に現れるため，最初は即効性のある抗精神病薬と併用することも多いようです），うつ病の治療とは効く薬が違います。つまり，脳内で（身体で）起こっている変化が異なるということです。なお，現状，双極性障害がなぜ生じるのかということには諸説あり，炭酸リチウムがなぜ双極性障害に効くのかという点は正直よくわかっていないようです。

✳ 不安症群／不安障害群

　二大精神病の話が終わったところで，次に，**不安障害**の話に入ります。不安障害に関する部分もDSM-5では前の版から変更がありました。最も大きい変更は，**強迫性障害**，**外傷後ストレス障害**（いわゆる**PTSD**）が不安障害とは独立した別の大カテゴリになったということです。この二つが抜けて，分離不安と選択性緘黙（かんもく）が増えました。この二つは，元々DSM-IVで「通常，幼児期，小児期，または青年期に初めて診断される障害」というカテゴリの中にあったのですが，これが解体されたために，こちらに移されました（診断の時期による区分をやめたということです）。また，恐怖症はよく見られるものが細分化されています。

　余談になりますが，このカテゴリの元々の英語名はAnxiety Disordersです。しかし，日本語では，不安症群／不安障害群となっています。なぜ，元々の英語は単一なのに，二つの名前が併記されているのでしょうか。前回の講義の一覧表をよくよく見てもらえれば気づくと思うのですが，病名の最後が症になっているものと，障害になっているもの，それらが併記されているものは他にもあります。どういう特徴があるでしょうか。一般に，子どももそれなりの割合で発症するような病気は症も併記されています。これは，日本語の語感の問題で，子どもに対して「障害」という言葉を使うことがためらわれることがあるからです（例：親に診断名を伝える時）。

　また，用語を見ると，不安という言葉と恐怖という言葉が使われているところがありますが，これらは何が違うのでしょうか。基本的に，恐怖は対象がはっきりしており（例：高所恐怖症），不安の方は恐怖よりも対象が漠然としています。最たるものは，全般性不安障害であり，全般的に不安なので，あれもこれも不安で，対象が定まっていない状態です（そのため，曝露をすることも難しく，非常に治療が難しい病気でもあります）。

　話を本筋に戻します。不安や恐怖の対象には様々なものがあり，病名も色々なものがありますが，不安障害の中核的な発症のメカニズムは同一であり，それ故に治療の方法にも一定の傾向があります。既に行動療法の回でやったように，不安や恐怖を感じることそのものは人間にとって必要なことであるものの，不安や恐怖を感じる対象を過度に回避してしまうと，生活の幅が狭まり，不適応を起こすことになります。不安や恐怖を喚起す

DSM-IV	DSM-5
① パニック障害	① 分離不安症／分離不安障害
② 恐怖症	② 選択性緘黙
③ 全般性不安障害	③ 限局性恐怖症
④ 強迫性障害	④ 社交不安症／社交不安障害
⑤ 外傷後ストレス障害	（社交恐怖）
	⑤ パニック症／パニック障害
	⑥ 広場恐怖症
	⑦ 全般不安症／全般性不安障害

独立

図13-3　DSMにおける不安に関する精神障害のカテゴリの変化

る刺激（A）を回避し（B），結果として嫌子が消失する（C）ことで，長期的に生活圏の幅が狭まり不適応を起こす（D）というのが，このカテゴリに属する病気の共通点です。そのため，治療は，不安や恐怖の対象への曝露が中心となります。また，抗不安薬の服用により，不安を感じづらくすることもできます。ただし，薬を飲んでいるだけで治るわけではありません（薬は対処療法であり，別に体質やら性格が変わるわけではないからです）。服薬をすれば薬が効いている間は不安を感じづらくはなりますから，不安があまりに高くならない状態で曝露を進めていくことで，薬を抜いた後の生活／行動を変えることができるというわけです。

✳ 強迫性障害および関連障害群

　DSM-5では不安障害から強迫性障害が独立し，強迫症および関連症群／強迫性障害および関連障害群という新しいカテゴリができました。この中には，主に以下の障害が含まれています。

●強迫症／強迫性障害（Obsessive-Compulsive Disorder）
●醜形恐怖症／身体醜形障害（Body Dysmorphic Disorder）
●ためこみ症（Hoarding Disorder）
●抜毛症（Trichotillomania（Hair-Pulling Disorder））
●皮膚むしり症（Excoriation（Skin-Picking）Disorder）

　もともと**強迫性障害**が不安障害の中にあったことからもわかるように，これらの病気と不安障害に含まれるものとは似ている部分もありますが，こちらの方が，より強迫性（完全主義）や衝動性によって特徴づけられる病気となっています。

　中核となる強迫性障害の診断は，①強迫観念か強迫行為，またはその両方が存在すること，②強迫観念または強迫行為が，時間を浪費させ（1日に1時間以上），または，臨床上の著しい苦痛を引き起こしている，または社会的または他の重要な領域における機能の障害を引き起こしている，ということになっています。わかりやすいのは，手を洗いすぎてしまうようなもので（洗浄強迫），手が汚いという考え（強迫観念）が刺激になり，手を洗うという行動（強迫行為）をとることで，嫌子が消失し，強迫行為の頻度・強度・持続時間が増大してしまう（時間が浪費させられてしまう）という例でしょう。典型的な強迫には，洗浄の他に，確認（例：家の鍵をかけたかを確認せずに外出できない）や加害（例：他者に害を与えることを極度に恐れて様々な行動を回避する）といったものがあります。

　強迫性障害は有病率が2%程度もある，やはりそれほど珍しくはない病気です。50人に1人ですから，クラスに1人くらいはいることになります。映画「アナと雪の女王」のエルサあたりは，世界で一番有名な強迫性障害を有する人（エルサの場合は，加害強迫）かなと思います。アナ雪の場合，最後はアナのエルサを思う愛（ハンス王子がエルサを殺そうと振り下ろした剣をアナが受け止める）によってエルサが「そうよ，愛よ，愛」とか悟

り出して，急に回避行動をやめ，他者のために自分の魔力を活かすような行動をとれるようになるのですが，現実の治療はそうではありません。強迫性障害の場合も，強迫観念が出てきても回避行動をせず，曝露をすることで感情が落ち着いていくことを少しずつ学習していく必要があります。エルサの場合は，幼少の頃に自分の魔力でアナを殺すところだったという体験がきっかけになって発症しているわけですから，「アナを自分の魔力で傷つけるのではないか」という強迫観念が出てきた時に，アナと一緒にいたり，アナの近くで魔法を使ったりといった行動を少しずつとる練習をしていかなければ，本来は治らないはずです（そんなつまらない映画は誰も見ませんが）。

醜形恐怖症／身体醜形障害（例：顔面の整形を何度も繰り返してしまう人）やためこみ症（例：ゴミ屋敷）は完璧主義，抜毛症や皮膚むしり症は衝動性の色合いが強くなりますが，基本的には同様の機能分析の枠組みで理解しやすいものと思います。

✳ 心的外傷および
　ストレス因関連障害群

DSM-5では不安障害から**PTSD**（その前段階であるASD）が独立し，**適応障害**と合体して，心的外傷およびストレス因関連障害群という新しいカテゴリが作られました。このカテゴリに共通しているのは，ストレス因が明確であることです。この中には，主に以下の障害が含まれています。

- ●反応性アタッチメント障害／反応性愛着障害
（Reactive Attachment Disorder）
- ●脱抑制型対人交流障害（Disinhibited Social Engagement Disorder）
- ●心的外傷後ストレス障害（Posttraumatic Stress Disorder）
- ●急性ストレス障害（Acute Stress Disorder）
- ●適応障害（Adjustment Disorders）

反応性アタッチメント障害／反応性愛着障害と脱抑制型対人交流障害は「通常，幼児期，小児期，または青年期に初めて診断される障害」から移行してきたものです。前者は，ポジティブな感情表現が少なく，上手に甘え

られない（人に近づけない）状態で，他者に無関心で用心深く，反応も少ないことから，一見，自閉スペクトラム症のようにも見えます。反対に後者は，警戒すべき相手にも警戒せずに近づき，過剰になれなれしい態度をとる状態です。いずれにせよ，幼児期の不適切な養育という原因が明確で，対人距離が適切ではなくなっている（遠すぎる／近すぎる）状態です。

　PTSDは大規模災害などの後には必ずといっていいほど聞く言葉です。この病気は，①トラウマ体験（外傷的体験＝自分または他人の生命に関わる危険）の後に，②再体験（例：トラウマ体験の夢を見る），③回避（例：災害にあった現場に行けない），④過覚醒（緊張，不安，不眠，焦燥）が続くという状態です。一般に，大規模な災害にあえば，人間は通常の状態ではなくなり，過覚醒状態が続きます。地震の後には余震なども続きますから，過覚醒状態がある程度継続することは生物の生存という観点からは適応的な反応です。しかし，これがあまりに長く・激しく続けば当然まいってしまうわけで，それはやはり病気だと言えます（PTSDの場合は1か月以上続いており，1か月までをASD；Acute Stress Disorder，急性ストレス障害と呼びます）。

　PTSDはトラウマ体験（自分または他人の生命に関わる危険）がストレス因であることが明確でした。適応障害も同様に，はっきりと確認できるストレス因子に反応して起こるものです。その結果，情動や行動の症状が出現し，社会的機能に著しい障害が出ている場合を適応障害と呼びます。例えば，人事異動で折り合いの悪い上司（ストレス因子）のもとに配属され，それから3か月以内に，身体的・心理的症状，行動の異変が起き，出勤しようと思うも朝から涙が出て動けない，みたいな状態が想定されます。

✳ 物質関連障害および嗜癖性障害群

　限られた講義時間（紙幅）の中でどこまで取り上げるのか悩むところもありますが，最後に，心理職の活躍が期待される領域として物質関連障害および嗜癖性障害群を取り上げておきます。

　典型的には，アルコール依存を思い浮かべておけば間違いのないところ

❹コミュニケーションの問題，反復的な行動，こだわりの強さ，感覚の鋭敏さ／鈍感さ，といった特徴が発達の早期からあり，対人関係や学業・職業上の機能が障害されている状態のことです。

です。依存物質には，アルコール（酒）のみならず，カフェイン（コーヒー），ニコチン（タバコ），各種違法薬物（覚せい剤，大麻，麻薬等）に加え，抗不安薬も含まれます。抗不安薬が含まれていることからもわかりやすいように，基本的にこれらの物質は，何らかの嫌子が刺激となり，物質を摂取することで脳内に物理的な変化が生じ，嫌子が消失する（最初は，好子の出現かもしれません）という流れの中で，物質摂取の頻度・強度が増強されていきます。そして，長期的な結果として問題が発生するという行動療法的枠組みで理解するのが最もわかりやすいと思います。依存物質を摂取すると必然的に嫌子の消失が起こりますので，その時点で負けです。ですから，物質を摂取させるきっかけとなる刺激のコントロールが重要ということになります。

　実はこの病気については，DSM-5で大きな変更が行われています。それは，これまではアルコール依存といった言葉を使っていたのですが，**依存**という言葉を捨て，**使用障害**と言うようになった（アルコール依存ではなく，アルコール使用障害）ということです。なぜ，こんなことが起こったのでしょうか？

　依存は「**渇望**＋**耐性**＋**離脱**」から構成されます。アルコールで考えてみましょう。アルコールを飲むと，嫌子が消失するので，より欲しくなります（渇望）。しかし，たくさん飲むと，だんだんと酔わなくなります（耐性）。体質にもよりますが，大学生になってからお酒を飲むようになると，最初はちょっとのお酒でずいぶんと酔っぱらったのに，その内，同量のお酒ではたいして酔わなくなったという経験がある人もいると思います。これが，耐性がついたということです。耐性がつくと，これまでと同量のお酒では酔えませんから，アルコール度数が高いお酒に手を出したり，飲む量を増やしたりして，アルコールを摂取する量が多くなります。それがさらに進むと，離脱症状が出てきます。振戦（例：手のふるえ），脱力，頭痛，発汗，などの症状です。こうなると，今度は，離脱症状を抑えるためにお酒を飲まなければならなくなります（飲まないと，手がふるえてしまうため）。こうなるともう立派なアルコール依存です。

　これはアルコールのみならず，多様な依存物質に当てはまる非常に優れた概念でした。私は明らかにカフェイン依存のため，コーヒーが手放せません。コーヒーをしばらく飲まないと頭痛がしてくる状態（離脱症状）に

第**13**講　心理的アセスメント3：：精神障害

なります。それは，もはや美味しいかどうかではなく，頭痛をおさえるためにコーヒーを飲まざるを得ない状態です…。

　この良くできた「依存」という概念をわざわざ捨てて，使用障害（≒上手に使えない）という言葉を新しく作ったのはなぜでしょうか。それは，DSM-5から，このカテゴリに**ギャンブル障害**（gambling disorder）が追加されためです。ギャンブルに病的に熱中している人は珍しくありませんが，これを病気にしたというわけです。ギャンブルは，上述の依存物質（例：アルコール）のように，何かを身体の中に摂取するわけではありません。そのため，これまでのように「渇望＋耐性＋離脱」からなる依存という用語を使うのは適切ではないということになったのだと思います。

　このことは何を意味しているのでしょうか。ちょっと考えてみて下さい。これが意味することはすなわち，今後は，依存物質の摂取のみならず，嗜癖的な「行動」も病気に含めるということです。次に来るのは，ゲームやインターネットの使用です。これらを病気だと認定していくということです。この先は邪推だと言われるかもしれませんが…。これがなぜ必要なのかはしっかりと考える必要があります。確かに，ゲームやインターネットに依存をし，不適応的になっている人は多くいます。その親は物凄く心配しているでしょうし，何とかして欲しいと思っているかもしれません。

　つまり，**嗜癖行動を病気として概念化する（≒治療の対象とする）と広大なマーケットが形成される**ということです。治療はビジネスでもあります。COVID-19の流行が病院の経営不振をもたらしていることからも明らかなように（病気が流行って「（不要）不急」の治療が減り，病院経営が悪化するとは皮肉なものですが），治療は間違いなくビジネスです。病気や不適応がなければ，治療者や支援者は失職しますし，製薬会社も倒産します。それを防ぐためには，マーケットを開拓する（≒新しい病気を作る）必要があるわけです。こうした側面が病気のカタログ作りに含まれていることは忘れてはいけません。これが，物事を複眼的にとらえるということの意味です。

✳ おわりに

　本講では，多様な精神障害の中でも，二大精神病（統合失調症，躁うつ病）と不安に関連する障害に焦点をあて，これらの精神障害の概要を解説しました。前講で述べたように，病気の概念は時代とともに変化していきます。こうした問題については（その病気の概念がどうして必要なのかということを考えながら），継続的に学習を続けていくことが最も重要なことです。

✔ 理解度チェック課題

□問1 **基礎** 統合失調症の診断基準，統合失調症の治療について説明しなさい。

□問2 **基礎** うつ病の診断基準，うつ病の治療について説明しなさい。

□問3 **応用** 物質関連障害の発症，症状の維持，治療方法について，行動療法の観点から説明をしなさい。

コラム⑩ 「神」との向き合い方②

　そのまま妻は出産まで入退院を繰り返し，その間，お腹の子どもはあまり大きくなりませんでした。私はといえば，その間，ずっと，きっともう少ししたら妻の体調は回復し，子どもの成長も加速して「普通」になるはずだ，と思い続けていました。つまり，現実を否認し続けていました（当時は，もちろん，現実を否認していたことなど認識できるはずもなく，そう思えるようになったのは，おそらく長女が生まれて1年ほど経ってからです）。そして，妻の主治医から「もうこれ以上お腹の中にいても大きくならないので，帝王切開で出しましょう」と言われた日に，初めて神に祈りました。私は特定の宗教を信仰しているわけではありませんので，何の神に祈ったのか自分でもわかりませんでしたが，とにかく何か超越的なものに祈らずにはいられませんでした。自分が思い描いていた世界（妻が元気に健康で普通の子どもを産むはずの世界）を返して欲しいという願い／祈りです。

　妻の主治医はとても良い医師で，我々夫婦ととても良く話をしてくれました。でも，お腹の中の子どもを大きくすることも，妻の悪阻を消すこともできませんでした。それは，科学の限界です。科学的に解決できる問題には限界があり，限界を越えた出来事は我々に容赦なく襲い掛かってきます。そして，おそらくは何もかもが科学的に解決できるようになる日はそう簡単には訪れないでしょう（我々が生きている間には，なかなか難しいのではないでしょうか）。我々の心も同様に，何もかもがわかっているということはなく（というよりも，おそらくわかっていることの方が少なく），説明も介入もできないことはいっぱいあるのだろうと思います。その時のために，宗教のような装置はどうしても必要なのだろうと私は考えていますし，だからこそ大事にすべきだろうとも思っています。

第

14

講

学習ガイド：：大学での学習と大学院入試

　最終講のテーマは、今後も学習を継続し、公認心理師になるためにはどうすれば良いのか、ということになります。本書は、臨床心理学概論の授業の教科書として活用されることを念頭に執筆されたものですが、臨床心理学概論は公認心理師という心理職の国家資格を取得するにあたって、学部で学ぶべき科目の一つに指定されています。その中でも、特に基礎的な科目として位置づけられており、多くの場合、大学の学部の早い時期（1〜2年次）で履修することが想定されていると思います。そのため、ここでは、特に公認心理師を取得したい大学1・2年生を想定し、大学での学習をより有意義にするために必要なこと、大学院に進学するにあたって知っておいた方が良いことを説明します（少なくとも現在のところ、公認心理師になりたい大学生は多くの場合、大学院に進学する必要があります）。

≈大学とは

　さて、それではここから本題に入りたいと思います。読者の多くの人は大学生だと思いますが、それでは「大学」とはそもそも何なのでしょうか？　大学で何を学ぶべきか、どうすべきかということをきちんと理解するためには、そもそも大学という機関がどのようなものなのかを知る必要があります。大学とこれまでに皆さんが通ってきた学校（高校、中学校、小学校）とは何が違うのでしょうか？　（ちょっと立ち止まって考えて、自分なりの答えをまとめてから以降を読んで下さい。）

　大学と高校までの学校とで最も異なることは、高校までの学校の目的は勉強をすることであったのに対し、大学では、もちろん勉強もするのですが、研究もすることになるということです（**図14-1**）。勉強と研究は真面目そうというニュアンスでは一致していますが、その内実はまったく異なります。

　勉強とは、既に正しい答えがわかっている問題に対して、効率的にその正しい答えにたどりつく訓練をすることです。そのため、勉強においては、問題と答えがすでに用意されています。例えば、皆さんが高校までに受けてきた試験も大学入試の試験にも、必ず問題が設定され、その問題に対する正しい答えが存在したはずです（そうじゃないと、採点できません）。テストを作る先生が正しい答えを設定し、そこにたどりつくことができるか

●**高校まで**

- 主に勉強をする

- 勉強とは，世界に存在する
 ものを学ぶこと

●**大学以降**

- 研究の比重が増す

- 研究とは，世界に存在しない
 ものを存在するようにすること

正しい答えのある世界　　　　　　答えを自分で作る世界

図14-1　高校までと大学との比較

否か（試験時間という制限時間以内により多くの正しい答えにたどりつけるか）ということこそが評価されていました。

　一方で研究とは，正しい答えがわからない問題について自分なりの答えを作り出し，その答えをみんなに伝え，納得してもらう行為です。そのため，問題は先生が考えるのではなく，自分で考えます（最終的には，自分で答えを出し，みんなに納得してもらうように答えを伝えていきます）。例えば，新型コロナウイルス感染症が流行すれば，この時に研究者は，「どうすればこの感染症を抑えこめるか？」とか「限りある医療資源を用いて，国内の死者数を最小化するためにはどうすれば良いか？」という問いを自ら作ります。その答えに対する回答を自分なりに研究し，一定の答えを出します。そして，国民にそれを伝え，実践していってもらうことで，自分で設定した問題を解決していくということです。

　私の場合は，「人はなぜ自殺をするのか？」「自殺による死亡を予測するにはどうすれば良いか？」「どうすれば自殺を減らすことができるのか？」という問題を自ら設定し，その問いについて探求しています。こうした問いには，必ずしも明確な答えは現状ではありません（将来には解決される日が来るかもしれませんが）。

　このような研究をする力というのは，社会人になってからも求められます。例えば，皆さんが就職した会社において，「Ａという製品を改善するためにはどうすれば良いのか？」とか「Ａという製品の売り上げを伸ばすた

めにはどうすれば良いのか？」といったことを考えることになるでしょう。心理職／カウンセラーになっても同様で、「Bという精神障害を治療するにはどうすれば良いのか？」「Cさんの抱える心理的問題を解決するにはどうすれば良いのか？」という誰も解いたことのない難しい問題を解決していくことが求められていくはずです（あるいは、自らが運営するカウンセリングルームの売上を伸ばすためにどうすればいいか、ということも考える必要があるかもしれません）。高校までの勉強で身につけた能力をもとに、まだ答えのない（けれど解決する価値のある）問題を発見し、その問題に対する答えを自分なりに出していくのが、大学での学習の目標です。そしてこの力は、心理支援に関わる者においても非常に重要になってくるものです。

≋ 科学的な研究の作法

　自分なりに答えを出していく、と言いましたが、単に答えを出すだけではなく、他の人にその答えが正しいのだということを納得してもらうためには、それなりの手続きが必要です（「私がそう思うから」というだけの理由で納得してくれる他人はいないでしょうし、俺が効くと思うからこの薬飲めよと言って、治験の済んでいない薬を処方してくる医者もいません）。そのため、科学的な研究を実施するためには標準的な手続きというものがあります。

　第一に、研究する価値のある問いを見つけたら、その問いに対して他の人がどのような答えを出しているのかを確認します。解決する価値のある問いについて、自分以外の世界中の誰も取り組んだことがないということはあまりないわけです。多くの場合は、ここまでは考えたけど、この先はまだよくわからない、という状態になっているはずです。その境界線を見極めるために、先行研究（本や論文）をたくさん読みます。

　第二に、そうした先人たちが出した暫定的な結論を元に、自分なりの仮説（自分なりの暫定的な答え）を出します。そして、その仮説が正しいか否かを検証します。検証の方法は、実験、アンケート、インタビュー、フィールドワークなど様々なものがあります。こうした手法を通じて得られたデータを分析し、自分が考えていた仮説が正しいか否かを検証するこ

とになります。特に，心理学においては，データ分析は統計学を基礎的な知識として有していなければできないことが多くなりますし，データの取得のためには人を対象とした実験や調査をすることが求められます。こうした手法を身につけるための科目群も公認心理師カリキュラムを用意している大学では必ず開講されています（例：心理学実験）。また，自ら研究を実践してみるために，学部では卒業論文が，修士課程では修士論文が課される大学・大学院がほとんどのはずです。

　私自身の考えとしては，個別の心理学の領域の授業（例：臨床心理学概論）も大事ではあるのですが，そうした授業よりも何よりも，研究方法に関する授業は大事です。なぜなら，個別の領域の授業の中で教えられている心理学的知見はすべて，研究法の授業の中で教えられている手法を通じて「発見」されたものであり，研究方法の理解なくして知見の正しい理解ができたとは言えないからです。心理療法を行う場合であってもこうした知識が決定的に重要であることは，「第10講　効果研究」で説明した通りです。

　こうした科学的研究作法を身につけることは，心理臨床の実践においても大いに役立ちます。少し具体的に説明します。

　臨床実践では，相談者が来たらまず話を聞き，その人が抱えている問題がどのようにして生じたのか，あるいは今現在どうして維持されているのか，ということについての仮説を立てます（アセスメント）。次に，その仮説に基づいて介入を行います。例えば，抑うつ的な気分が続いてしまっている人の原因に，その人の考え方の癖が影響を与えているという仮説を立てたのであれば，考え方の癖を変える訓練をすれば，状況には変化が生じるはずです。介入を行ったら，次にその効果を見ます。先の例で言えば，考え方の癖を変える訓練をしたら，抑うつ的な気分が下がり，状況が改善されると予想されるので，実際に介入を行う前と後で気分を測定し，比較します。そこで，期待通りに気分が改善していれば，問題は解消したわけですから，その相談は終結ということになります。しかし，場合によっては，介入をした後に変化が起きないこともあると思います。その際には，当初に立てた仮説（アセスメント）が間違っていたということになります。そこで，再度アセスメントをし，それに基づいて介入をし，その効果を測定し，というプロセスに戻ります。これを繰り返し，問題状況を変えてい

くのが臨床実践です。

　研究はどうでしょうか。研究は自分の興味のある事柄について調べることからスタートします（先行研究を読む）。しかし，世の中の全てがわかっているわけではありませんし，これまでの研究の全てが正しいということもありません。そこで，これまでにわかっていないことについて，きっとこれはこうだろうという仮説を立てることになります。例えば，ある特定の考え方の癖を持っている人はうつ病になりやすい，といった感じです。次に，自分が立てた仮説が本当に正しいのかどうかを確かめるために，実際に実験や調査を企画して，それを実施します。先に述べた仮説についてであれば，例えば，ある特定の考え方の癖を持つ人とそうでない人を集め，その後のうつ病の発症率の差を見れば，仮説が正しいかどうかがわかるはずです。そして，仮説が正しかったかどうかを，自分が企画した実験や調査の結果として得られたデータを分析して確かめます（統計学の知識が必要です）。分析した結果，仮説が正しければそこで研究は終了です。もし仮説が正しくないと考えられる結果が出た場合には，仮説を修正する必要があります。そのため，最初のプロセスに戻って，新しい仮説を立てることになります。そして，それをまた改めて検証するというプロセスを繰り返すのです。

　このように，臨床実践と研究のプロセスというのはとても似ています。きちんとした臨床をするためにも，研究で必要とされるような科学的な思考方法は役に立つということです。実際の臨床実践の訓練は大学院で始まるもので学部では本格的に行うことはできません。一方で，大学院に進学してからは，現場でのトレーニングの比重が重くなってきます。だからこそ，大学の学部の4年間では，研究を通じて臨床でも必要となる科学的な考え方のトレーニングを積んでおくことが必要です。

---

❶こういう科学的な思考に基づく臨床実践の実施をする者を理想とするモデルを，科学者‐実践家モデル（scientist-practitioner model）と呼びます。私はカウンセリングとか心理療法に興味があるのであって，研究者になりたいわけではないし，何のために実験やら統計やらを勉強しなければいけないのかわからないという人がいますが，カリキュラムはこのような理想が背景にあって構成されています。

≋学習への動機づけの高め方

　公認心理師になるためには，大学の学部時代に法定25科目を修めて卒業する必要があります。その中には研究法のように，一見すると心理療法やカウンセリングのようなものとは関係のなさそうなもの（心理学統計法，**心理学研究法**，**心理学実験**）もあるように感じるかもしれませんが，前述のようにこうした科目は様々な意味で死活的に重要です。また，担当の先生と皆さんとの相性次第では，なかなか学習に向けてのモチベーションが高まらない授業も，場合によってはあるかもしれません。

　勉強のやる気が出ないというのは大学生から聞く普遍的な悩みですが（別に大学生に限った話ではありませんが），なぜやらなければならないとわかっているのにやる気がでないのか，そういう場合にどうすればいいのか，ということも，ここまでの講義の内容を理解していれば，自然と考えられるようになっているはずです。ちょっと考えてみて下さい。例えば，授業に行かなくてはいけないことはわかっているのに，どうしてもやる気が出ないで休みがちになってしまう時に，どうすればいいのだろうか，と。

　どうすれば授業や授業内で課された課題をやることへの動機づけが高まるのか，ということについては，皆さんは既に考えるための駒を全て手元に持っているはずです。**自己決定理論**に従って考えてみれば，授業に出席したり課題を行うことが内発化し，習慣化していくためには（その人のパーソナリティに統合されていくためには），その行動を行うことによって**有能性・関係性・自律性**が満たされるような環境が必要です。こういう視点から，自分の周囲の環境がそうなっているのか？ということを見直す必要があります。

　例えば，授業内で課される課題を行うことによって自分の自律性の欲求が満たされるためにはどうすればいいのかということを真面目に考えた人がどれだけいるでしょうか？　そもそも，授業課題というものは（私が出しているものだってそうですが），ほとんどの場合「○○をせよ」という形で，教員が学生にさせる（強いる）ものです。させるものである以上，当然，学生の側の自律性は損なわれます。だから，そもそも課題が一方的に課せられている限り，それをやることが楽しい（動機づけが高まる）はずがないわけです。講義なんかも同様で，一方的／受動的に講義を聞かされ

ている以上は，学生の自律性は損なわれるわけで，それだけでも動機づけは高まりづらくなります。

　ではどうすればいいのかということに関する一つの答えは，例えば，自分が教員の代わりに課題を考え，それを授業課題とするように教員に言えばいいわけです。そうすれば，学生の側の（つまり，本書を読んでいるあなたの）自律性は損なわれません。自分でこうしようと決めた課題をやる限り，自律性の欲求は満たされるのですから，必ず動機づけは高まります。やらなければならないことを他人に決められる人生はつまらないものです。どうせやらなければならないのであれば，自分で決めれば人生は楽しくなるでしょう。ウキウキして，やらずにはいられず，授業前に二度寝をしている暇はなくなるはずです。スマホで余計なゲームをすることもなくなるはずです。そうならないのは，自分が何をやらなければならないかを自分で考えず，他人が（教員が）課した課題に身をゆだねているからです。

　少し話はそれますが…。私がまだ大学院生の頃，当時所属していた研究室では，ゼミの時間に何をするのかということを当時の私の指導教員が決めているわけではありませんでした。研究室に所属した当初の私は，「なんて怠惰なんだ，全部上級生に丸投げで，教える気あるのか？」と思っていましたが，これが明らかな勘違いであること（指導教員の狙いが見えていないこと）は今になってみればわかります。大学や大学院というものは，教員が一方的に学生に教えるために存在するのではなく，教員は学生と共に学ぶ存在であり，何を学ぶかはコミュニティ（研究室やゼミ）全体で決めるべきことだということです。大学とはある程度共通の関心を持つ教員と学生が集まるサロンであり，そこは（小さな規模の授業であればなおさら）共同体全体での学習と研究が行われるべき場です。そうでなければ，受動的にされた者の動機づけが高まらないからです。

皆さんは，こういう態度で授業やゼミに臨めているでしょうか？

❷自分がやっている講義で，受講生が「期末課題はこのようなものにしてはどうでしょうか」と真剣に進言してきたとしたら，少なくともそのことで私が怒るようなことは断じてありません（自己決定理論に誓ってありません）。シラバスに適っているか否かを真剣に考えて，課題のやり方を追加・修正したりするかもしれませんが，怒ったり無下に扱ったりすることはありません…。大学における教育とはそういうものだと私は思っています。まぁもちろんこれは理想論であり，あらゆる授業でこんなことをやることが不可能であることは認めますが，学期にいくつかはこういうことを真剣に検討する授業があっても良いでしょう。

❸こっそり書いておきますが，私の師匠は下山晴彦先生であり，公認心理師であればこの人の著作を避けて通ることはできないと思います。

≋大学院の選び方

　公認心理師資格は，基本的に大学院まで行かなくては取得できませんが，大学の学部と大学院については同一の大学・大学院に行かなければならないということはありません。そのため，基礎的な学習が済んだ頃には（3年の後期くらいまでには），どこの大学院に行くのかということを考える必要が出てきます。経済的な制約などもあるでしょうが，ここではそうした要因は無視して（個別の事情はわからないので），基本的な考え方としてこれまでに指導学生に伝えてきたことをまとめておきます[4]。

　まずは，大学院そのものというよりは自分を指導する「先生」を選びましょう。少なくとも修士課程の2年間，その人に今以上に密に指導されることになります。自分の研究のみならず，面接や検査技術にまでダメ出しをされて，それでもついていけると思える人を探しましょう。今ではホームページを持っている研究者も多いですし，大学の教員紹介には最低限の情報は載っています。

　探す際には，その人に会いに行っても良いかもしれません[5]。私は，色々な本を読んで「この人だ」と思い，実際に会って（飲み会の席で），話をしてみました。また，探す時には，その人の研究テーマよりは，その人の心理療法のオリエンテーションを重視した方が良いでしょう。研究は，学会や研究会で補うこともできます。それに，必ずしも自分がやりたいテーマと一致した内容をやっている人を探すことは容易ではないからです。例えば，私の基本的な研究テーマはインターネットを使った自殺予防ですが，日本でこれをやっている研究者はいません。世界的に見れば，多少いますが…。なので，自分がどの心理療法に親和性を感じることができるのか，ということを優先して考えましょう。

　また，その先生や大学院での実習体制がどのようになっているのか（どれくらい充実しているのか）ということをきちんと調べてみましょう。公認心理師として活躍していきたいのであれば，第一に，支援技術を身につ

---

[4] 公認心理師制度はできてまだ日が浅いものですから，ここでの経験とは多くの場合，臨床心理士資格を取得したいと言っていた学生へのアドバイスになります。制度は異なれど，基本的には考えるべきことはそれほど大きく変わりません。

[5] 個別に会うことが難しい場合（志望者が多い大学院など），説明会が開催されている場合もあります。

ける必要がありますが，大学院で最も大事なことはどこでどのような実習
ができるのかということです。例えば，臨床心理士資格も出している大学
院であれば，自前の（大学外から一般の相談者が来る）心理相談機関を有
しており，そこで面接や検査を担当することで実習をすることが多くなる
でしょう。そして，その相談機関にどれだけの人が訪れているのかという
ことは調べればわかるものですし，その数字とそこで募集されている大学
院生の数から逆算すれば，自分が2年間でどれくらいの面接を担当させて
もらえるのかの概算が出せるはずです。[6]院生の数に比して相談者が少ない
機関では，自分が担当できる面接の数が少ないのですから，当然実習は充
実したものになりづらいでしょう。[7]

　大学院では学外に実習に出ることも多々ありますが，学外の実習をどこ
でどのようにやっているのかということも重要なポイントです。というの
も，こうした実習は大学院や指導教員ごとに大きく異なるからです。当然
のことながら，全国一律でということではないのです。例えば，将来はス
クールカウンセラーになりたいと思っているのに，学校での実習がないと
いう場合，自身の希望とはミスマッチということになります。こうした点
も，事前に調べて問い合わせたい点です。

≋ 大学院入試対策

　志望校／指導してもらいたい先生が決まったら，大学院の入試というも
のがどのように行われるのか，ということに思いをはせてみましょう。大
学院の入試は学部の入試とはまったく別ものです。そもそも，学部よりも
規模が圧倒的に小さく，手作り感のある入試になっているはずです。セン
ター試験のようなものではなく，各大学院で，そこに所属する先生が，こ
ういう学生を指導したいと考えながら個別の問題を作り，採点しているは
ずです。こうした点が，多くの人が学部の入試で経験するような，大規模

---

[6]例えば私の母校では，HP上に以下のような資料が掲載されており（http://www.p.u-tokyo.ac.jp/soudan/070nenpo/00index.html），これを見れば1年間に何件程度の新規の相談申し込みがあるのかということは一目瞭然です。こうしたデータを公開していない機関があるとすればそこの運営状況は推して知るべし，ということになります（その程度の情報公開もできないということは…）。

[7]もちろん，量より質と考える人もいるかもしれませんが，ある程度の量をこなさなければ，最初はどうしようもないのではないでしょうか…。

なマークシート形式のテストと大きく異なる点です。

　というわけで，入試対策は，まず，自分が入りたい大学院の入試の過去問を探すところからスタートします。なんとしてもそれを手に入れます。その大学の生協などで売っていることも多いです。なければ，各大学院の入試課に該当する部署に電話をかけて問い合わせて，なんとしても入手して下さい。

　繰り返しますが，多くの大学院の入試というものは，そこの大学院に所属する先生がこういう学生を採りたい／育てたいという思いを込めて作り，そして作った人が採点しているものです。目指すべきは，そこの大学院の過去問を見て，どの先生がどの問題を作っているのかがわかるような状況です（完璧でなくてまったく問題ありません，ある程度です）。学部の一般入試には「色」はありませんが，各大学院の入試問題には，そこにいる先生方の色が明らかに出ています[8]（専門性が滲み出たものですね）。これがわかるようになると，どのような問題が出そうか，どう答えれば良いか，ということがわかってくるはずです。一般的な心理学的知識があるに越したことはないですし，それは公認心理師のカリキュラムを真面目に受けていれば自然とついてくるもんです。ですから，それ以上に，自分が志望する大学院に所属している先生方のことを知る必要があります。

　そこで，過去問を見て大まかの傾向をつかむことができたら，自分の入りたい大学院の先生の書いているものをかたっぱしから読んでみると良いでしょう。問題は，自分が師事したい先生のみならず，同僚の先生も作るのですから，そちらも合わせてチェックが必要です。同時に，基礎的な心理学，臨床心理学に関する知識を身につける必要もあります。これについては，まずは授業をしっかり受けてもらうことが一番になると思います。

　また，多くの大学院では英語が必要とされます。みなさん，英語力は是非鍛えて下さい。これは，必ずしも入試対策という意味だけではありません。例えば，皆さんが心理職についたとして，自分がよく知らない問題を抱えた人が相談に来たとします。その際には，皆さんは，必ず本やネットで自分がどう対処すればいいのかを調べるはずです。しかし，その時に日本語しか読めなかったとしたら…。日本語でいくら検索をかけても出てこ

----

[8]大学院レベルのある程度の専門的な問題になれば，出題者である教員の専門性が滲み出てしまうのはある意味で当然のことです。

ないような情報が，英語であれば（世界中の人が使うので），絶対に出てきます。将来を考えた時にも，英語はある程度できる必要があるわけです。

　ちなみに，入試対策の一環で，私は昔，勉強会で友達と英訳の相互チェックをしていたことがあります。自分たちの入りたい大学院の英語の過去問を集め，皆に配ります。そして，参加者各自が翻訳を行い，その結果を持ち寄って，相互にダメ出しをするわけです。「ここの意味がわからなかったんだけど，誰かわかる人いる？」とか「ここの翻訳ちょっと自信ないんだけど，見てもらっていい？」といった具合です。こうした勉強会を積み重ねて，英語対策を行いました。一人だと途中でダレてしまうこともあると思いますが，参加者が複数いることでそれを防ぐことができます。[9]

　入試に際しては，研究計画書の提出が求められます。この点についてはけっこう勘違いをしている人が多いように感じますが，なぜ研究計画書の提出を求められるのでしょうか（場合によっては，卒論の提出も求められる場合もあるかもしれません）。基本的には，これは修士論文を書いて修士課程を終えるだけの力がありそうかということを審査するポイントとなっているわけですが，この際，研究テーマの素晴らしさというものはそれほど大きな意味を持ちません。[10]こうした点を気にしている人は多いように思いますが，研究テーマや研究に関わる問題意識のオリジナリティといったものは，あればもちろんそれに越したことはないわけですが，ないからといってマイナスになるといった要因ではありません。というのは，そもそも修士課程を終えたとしてほとんどの公認心理師は研究者になるわけではないからです。研究者にならなくても，論文を読み解いて最新の知識を仕入れる力は必要であるものの，自らがバリバリ論文を書いていくような研究者になるわけではないのですから，独創性のある研究テーマみたいなものを頑張って考えて書く必要はありません。博士課程を出て，研究者に

---

[9] こうした勉強会がなぜ学習動機づけを維持することに役立つのかは，やはり自己決定理論の観点から綺麗に説明できます。

[10] 筆者は卒業論文では援助要請行動に関する研究を行い，大学院入試の際の研究計画書には，その延長線上のことを書きました。修士1年の際，指導教員にランチに呼ばれ，そこで「今後の研究は何をやっていきたいのか？」と質問をされました。その際，入試の時に提出した研究計画書に書いたような話をしたのですが，「いや，そういうことじゃなくて，本当にやりたいことはどういうことなのよ？　ああいう形式ばったものはいいんだよ」と言われました。そこで，「どうやってやればいいのかわからないのだが，本当は自殺の研究をしたい」と恐る恐る申し上げたところ，「できなくてもいいから，とりあえずそっちをもっと頭ひねって考えてみろ」といった趣旨のことを言われた経験があります。これが全てではないのですが，入試における研究計画書というのは，まぁそういうものです。

なって，というキャリアを思い描いている人は，それは研究テーマや問題意識のオリジナリティを気にした方が良いでしょう（それだって，大学院入試を受ける学部生にそんなものを期待している教員／研究者はほぼいないと思いますが…）。しかし，大半の人はそうではないのですから，そんなことは気にする必要はありません。

　見られているのは，修士論文を書いて修士課程を終えるだけの力がありそうかということであり，そのために必要なものは，きちんと先行研究を読めるか，批判的に考えて先行研究の問題点を述べられるか，目的に適った実験や調査の計画が建てられているか，といった点です。研究テーマの面白さなんてものを考える以前に，こうしたもっと基礎的な部分をきっちりと作り込むことに力を注ぎましょう。できれば，学部における指導教員に研究計画を見てもらい，ダメ出しや添削を受けるようにしましょう。そこまでやっておけば，研究計画書が合否にマイナスの影響を与えるようなことは避けられるはずです。

≋ おわりに：ボランティアのすすめ

　最後に，皆さんに，今から始められるキャリア形成も，大学院入試に役立つことをお伝えしておきます。大学における授業や学費を稼ぐためのアルバイトに忙しいという人も多いかもしれませんが，是非時間を見つけて，心理支援に関わるようなボランティアに積極的に参加してみて下さい。探せばあるでしょうし，自分で見つけられなければ，大学の先生につてがないか聞いてみましょう。心理の仕事は，資格があることは当然のこととして，経験の有無がものを言う世界です。しかしながら，仕事に就くまでにどこで経験を積むかというのはなかなか難しい問題であり，早いうちから動き出すことのアドバンテージは少なくありません。実際に関わってみて，思っていたのと少し違うかもしれないとなれば，別のキャリアへ転換することも容易ですし，やはりこれは天職だと思えば，大学院入試の面接でアピールできるポイントにもなります。

⟨コ⟩⟨ラ⟩⟨ム⟩⓫ 批判的思考を身につける

　大学の機能／高校までと違う点について，本文では書ききれなかったことを補足します。

　皆さんは大学でなぜ教育を受けるのでしょうか？ 親が大学くらいは出ておけと言ったから？ 大学に行く友達が多かったから？ まだ働きたくないから？ 資格を取りたいから？ それとも何か突き詰めて勉強したいことがあるからでしょうか？ もちろんどのような理由であれ，大学に来ている人に対して大学の教員は教育をします。しかし，そこで得られるものは何なのでしょうか？ どのようなことが大学教育において，得られるものなのでしょうか？

　もちろん，この問いに対する答えは教員によって異なる部分もあるとは思いますが，大学という場所の特徴を考えると，以下で私が述べる意見は，あながちおかしなものではないと思います。既に説明した通り，大学というのは研究をする場所でした。研究とは，正しい答えがわからない問題について自分なりの答えを作りだし，その答えをみんなに伝え，納得してもらう行為です。つまり，大学は知識を生成する場なわけです。皆さんがこれまでの（高校までの）教育で習ってきたことも，全ては研究によって作り出された知識です。例えば，「いい箱作ろう鎌倉幕府（1185 年に源頼朝によって鎌倉幕府が開かれた）」ということも，研究の結果として作られた知識です。

　ただし，知識は所詮，人の作りしものですから，間違っている時もあります。研究が発展することによって，以前は正しいとされていたことが間違いになり，間違いだとされていたことが正しくなることもありえます。有名な天動説と地動説についても，昔は天動説が正しく，地動説は誤りだとされていました。現代に生きる日本人で，おそらく天動説を信じている人はほとんどいないわけですが，昔はそうではなかったわけです。「そりゃあ昔は色々なことがわからなかったからな，仕方がないことだよ。今となってはそんなバカな話は誰も信じていないけどね」とだけ思える人は幸せな人です。500 年前の天動説を正しいと考える人を我々が笑うとしたら，今から 500 年後の人類も我々のバカさ加減を笑うことになるはずです。昔の人類は（2000 年頃に生きていた人類は），何もちゃんとわかっていなかっ

たんだよ，と。

　繰り返しますが，知識は所詮，人の作りしものです。神が作ったわけではないのですから，間違えることもあります。高校までの世界では，教科書に載っていることが間違っているかもしれないと言ってくれる先生はおそらくほとんどいなかったでしょう。教科書は正しく，我々がきちんと覚えるべきものだとされてきました。ほとんどの場合，それで良かったと思います。しかし，私はここで断言しますが，私が大学で教えていることの中に間違いが含まれていない可能性はほぼゼロです。私が書いているこの教科書にも間違いはきっと含まれています。私は自分なりに最大限の努力をしていますが，残念なことに，私が教えることが全て正しいということはありません。偉そうに書いている書籍の中にも間違いはいっぱいあるはずです。高校までに正しいと教えられていた教科書の内容を疑うこと，講義で偉そうに喋っている教員の話の内容を疑うこと，それこそが大学で踏み出すべき第一歩です。

　世の中にあふれている情報のすべてが「正しい」とは限りません。しかし，こんな当たり前のことすら，我々は日常生活の中ではほとんど忘れています。おそらく，やることが多すぎて，そんな面倒なことは考えていられないからなのでしょう。でも，繰り返しますが，「これって本当に正しいのか？いやいや，ちょっと待てよ」と立ち止まって考えることは必要です。皆さんはそもそも，こうして「もしかすると」と思って立ち止まることもないことが多いでしょうし，ましてや，「あいつの言っていることは何か間違っているんじゃないか？」と我々に疑いの眼差しを向けることはほとんどないのではありませんか？　しかし，大学教員が求めているのは，そういう学生／思考です。

　実際，一見まともそうな雰囲気を装いながら，正しくない情報が垂れ流されていることはしばしばあります。さらに言えば悪意を持って操作された情報というものもあります。だからこそ，自分の頭で批判的に考えるという習慣を作ることが大事なのです（他者の考え・意見について批判的に考えることは，その人を否定することとはまったく異なることです。誹謗中傷や感情的な非難と，論理的・批判的に考えることはまったく別のことです）。感情で反応するような短絡的なものではなく，ゆっくりと時間をかけて冷静に論理的に考えることが大事です。

　こうした態度は，我々が生まれ持っているものではなく，意図的に訓練

していかなければ身につくものではありません。我々は生まれながらにして，特別な訓練をしなくても，腐った肉や魚を口に入れれば，吐き出してしまいます。身体がそういう風にできているわけです（そうではないと，変な病気にかかって死んでしまうからですね）。しかし，腐った情報や誤った知識を摂取しても，我々は吐き気を催すことはありません。注意していなければ，気づかずに食べてしまいます。食べ物のように食中毒になったり，すぐに死ぬことはないでしょうが，そうした腐った情報や誤った知識を取り入れることは，間違いなく我々の人生や我々の住む社会そのものを蝕んでいきます。だからこそ，きちんと考える習慣／批判的に考える習慣を作ることが大事なわけです。

おわりに——本書執筆に関わる本音

　「はじめに」では，格好良さげに本書の狙いを説明してみましたが，これは完全なる後づけの理由です。本書を作ろうと思ったのは，コロナ禍においてオンライン授業が実施されたことによります。これまで，私は現任校に赴任して以降，毎年のように臨床心理学概論という授業を担当してきました。それは，パワーポイントで適当なスライドを映しながら，その時の気分によって色々と話が変わるような，気まぐれな語りでした。ある意味で言えば，それで済んでいました。

　しかし，ご存知のように2020年度の多くの大学の授業は，新型コロナウイルスの影響でオンライン化され，これまでのような授業は実施できなくなりました。しかも，現任校は障害のある学生の割合が全国的に見て高いこともあり，目が見えない場合にも，耳が聞こえない場合にもオンラインで対応できるような教材が作られる必要がありました。そうなると，必然的に，講義調の「本」のようなものを毎週毎週書かなければならないということになります（大学全体として，文字資料の配信型のオンライン授業が推奨されました）。

　その作業は本当に想像を絶するほど大変なものでした。週間連載の〆切に追われる漫画家の気持ちが（辛さが）心の底からわかりました。また，今までは適当に語っていて，何となくやり過ごしていた部分もあったのですが，いざちゃんと文字にして書こうとすると，そのような適当な理解では文章が書けず，色々と調べ直すはめになった部分も多数ありました（緊急事態宣言で家から出られず，大学にも入れず，研究室にすら行けないと言うのに！）。学生の皆さんもさぞかし大変で，不満が溜まっていたと思いますが，大変さに関して言えば，教員の方も相当だっただろうと思います。教育に関する仕事の量という意味では，専任教員として就職した年以来の大変さでした。

　このコロナ禍という歴史的な出来事の中でも自分が頑張って新しいことに挑戦し，それを何がしかの形に残してみせる（せっかく山のように書いた文字ももったいないし，この苦労を次年度以降につなげないのは悲しすぎる！），そういう姿勢を自分のゼミ生・授業の受講生に見せたいという

思いは，本書を形にしようと思った背後にあるように思います。なんとか伝わっていると良いのですが。

　ちなみに，私の師匠は「**下山晴彦**」という人です。今から考えると，自分が師匠から受け取ったものの本質は，膨大な知識にあるのではなく，学問に臨む姿勢にあるのだろうと思います。いつでもお手本のように振る舞うことは非常に難しくはありますが，エネルギッシュに学問に向き合う姿勢だけは，学生に見せていきたいと思っています。

　また，臨床心理学の勉強を継続し，将来心理職として働きたいという人は，この「下山晴彦」という名前を避けて通ることは絶対にできません。下山先生が編纂した各種の教科書を順次読み進めていくことによって，確実に力がついていくはずです。本書を読み終わったら，この名前をインターネットで検索し，図書館で借りてもいいですし，中古でも良いので（というと，出版社の方から怒られそうですが），片っ端から読んで下さい。そして，その時になると初めて，私が「本書の目的と狙い」で書いたことの本当の意味がわかるようになると思います。そのようなレベルに到達する人が，一人でも二人でも，読者の中から出てくることを期待しています。

令和3年1月　　末木　新

さくいん

さくいん

[編著者]

末木　新（すえき　はじめ）

　1983年生まれ。和光大学准教授。東京大学大学院教育学研究科臨床心理学コース博士課程修了。博士（教育学）、公認心理師、臨床心理士。専門は臨床心理学、自殺予防、認知・行動療法。著書に『自殺対策の新しい形――インターネット、ゲートキーパー、自殺予防への態度』（ナカニシヤ出版）、『自殺学入門――幸せな生と死とは何か』（金剛出版）ほか。

こうにんしんりし　　　　　　　　　　ひと
公認心理師をめざす人のための
りんしょうしんりがくにゅうもん
臨床心理学入門
©SUEKI Hajime, 2021　　　　　　　　　　　　　　NDC146／239p／21 cm

初版第1刷――2021年3月10日

著者―――――末木新
　　　　　　　すえき はじめ
発行者―――――鈴木一行
発行所―――――株式会社　大修館書店
　　　　　　　〒113-8541　東京都文京区湯島 2-1-1
　　　　　　　電話 03-3868-2651（販売部）　03-3868-2299（編集部）
　　　　　　　振替 00190-7-40504
　　　　　　　［出版情報］https://www.taishukan.co.jp

装丁・デザイン――mg-okada
印刷所―――――精興社
製本所―――――難波製本